臺灣為什麼重要？

目次

第三章　關於二〇二〇臺灣大選爭議

第四章　關於中國經濟

第五章 關於川普和美中關係

推薦序

一位反共銀行家眼中的臺灣

羅文嘉　前立法委員、民主進步黨前祕書長

認識汪浩時他還沒開始談時政、寫評論，他剛與珠兒回臺定居時，送了一本他的博士論文給我，主題是關於二次戰後十年英國的對臺政策。那個時候的汪浩就像是一個標準依親定居的外國女婿，與臺灣這片土地及社會維持一個友善的觀察距離。

很難想像幾年不到，他不僅對臺灣過去的歷史充分掌握，更對當下發生的事件充滿關注，更難得的是，他從不吝嗇把他的研究心得與信仰價值，用最樸素易懂的文字和語言，與社會大眾分享。我們曾在臺中谷關八仙山的步道上，遇見一對年輕夫妻，他們稱讚汪浩的時事評論是眾多電視評論員中最有說服力的。

如果看過汪浩的著作，就會發現精彩評論的後面下過苦功夫，汪浩擅長從歷史文件中分析脈絡，再提出他的觀點見解，由於目的不在做學術研究，卻又扎扎實實爬梳歷史檔案，使得他的文章視野更開放，內容推論引據清楚、條理分明，之前出版的《意外的國父》與《借殼上市》二書，可一窺其風格，這種風格在國內相關言論市場不多見，不僅讀者歡迎，也促使汪浩除了埋首歷史檔案外，開始針對時事議題發表評論文章，這本《臺灣為什麼重要？》正是這幾年來他散落在幾個媒體的專欄文章的總集。

汪浩的時事評論值得一讀有幾個理由：首先，他出生於中國江蘇，於北京完成大學學業，是典型中共黨國教育下的世代，這與四十歲以上的臺灣人從小在國民黨黨國教育下成長的情境類似。黨國教育的重點，不在教授真正的民主觀念，而在鞏固當權者的統治需要，國家、政府、政黨、領袖四位一體，不做區隔，既不談權力分散節制，更不談人權普世價值。汪浩的民主啟蒙背景來自於他到英國牛津唸研究所期間正好發生八九年天安門事件，他在海外參與了聲援行動，這與戒嚴時期海外的臺灣留學生因參與民主運動而被列入黑名單，進而無從返國可謂如出一轍。

汪浩只得繼續在牛津攻讀博士學位，這期間為了生計他一方面唸書、一方面在英國金融圈工作，畢業後就落腳在投資銀行圈，一待二十幾年過去了，他成為一位傑出的金融工作者，也因緣際會與在英國唸書的蔡珠兒結婚，意外從中國人變成英國公民、臺灣女婿，意外從國際政治轉行到金融實務，最後從英國到香港再到臺灣。

因為這樣的背景，汪浩對中共的認識特別清晰，也對民主政治能在臺灣生根格外在意。從本書蒐集的系列文章，可以清楚看到作者的價值呈現。汪浩曾說：「在國籍上我是英國公民，所以在臺灣我沒有現實政治的黨派利益，談論時政是因為想分享我對中國的認識與國際政治下的兩岸位置與關係，所以我沒有需要去討好誰、或怕得罪誰。」

其次，汪浩多年的國際金融實務經驗，讓他在文章內容上注重統計數據與資料蒐集，書寫方式上多從問題意識出發，所以對一般讀者來說，即使非財經或政治科班出身，也能輕易閱讀。我一直認為，臺灣的民主要深化鞏固，國民品質與素養的提升才是關鍵，更多有根有據、推論清楚的普及式文章不能缺少，梗圖只能當文宣品看待，不能當作知識養分。科學教育需要科普，食農教育需要食普、農普，人文歷史、經濟發展、國際關係、民主政治、中國議題都需要深入淺出、能普及推廣又能打好基礎的文章或書籍。

《臺灣為什麼重要？》對於身在臺灣的每一個人來說，如何能不細心理解呢？

前言

二〇二〇年七月底，我第一次去馬祖旅遊，到鄧麗君小姐對匪廣播的北竿芹山廣播站憑弔。雖然臺灣這邊早已忘記了當年喊的那些「反共復國，殺朱拔毛」口號，但對岸卻從未忘記「我們一定要解放臺灣」。中華人民共和國自一九四九年成立以來，對於臺灣，從未改變過「武力統一」的基本國策。現行《中華人民共和國憲法》宣稱：「臺灣是中華人民共和國的神聖領土的一部分。完成統一祖國的大業是包括臺灣同胞在內的全中國人民的神聖職責。」二〇〇五年三月十四日通過的《反分裂國家法》第八條規定：「臺獨分裂勢力以任何名義、任何方式造成臺灣從中國分裂出去的事實，或者發生將會導致臺灣從中國分裂出去的重大事變，或者和平統一的可能性完全喪失，國家得採取非和平方式及其他必要措施，捍衛國家主權和領土完整。」對於所謂的「命運與共的骨肉兄弟，血濃於水的一家人」，中共從未放棄過武力消滅或武力威脅。「和平統一」與「武力解放」一直是中國對臺政策的一體兩面，從毛澤東、鄧小平到習近平，七十多年來沒什麼本質的變化。

問題是，習近平如何判斷什麼是「導致臺灣從中國分裂出去的重大事變」呢？一九四九年以來，臺灣從來就不是中華人民共和國的一部分，怎麼再分裂一次呢？中國歷來在宣傳上高喊，臺灣問題是國家統一的問題，是一個民族感情的問題。這種宣傳上的高調，似乎使這一問題沒有什麼迴旋的餘地。但是，一九七二年毛澤東說過：「世界事大，臺灣事小。」「把它放到一百年以後再考慮。」鄧小平也表示過：「如果一百年不行，那就一千年。」習近平能等多少年呢？站在北竿廣播站前，我不禁要問。

本書蒐集了過去四年在「風傳媒」、「放言」等媒體上發表過的一些時事評論文章，先按主題後按寫作時序排列，編輯時做了些微的文字修飾。雖然有些段落在今天讀來已有些過時或論斷錯誤，但絕大部分的內容對思考臺灣的未來還是有幫助的。感謝羅文嘉在百忙中寫推薦序，不勝榮幸。感謝「八旗文化」的富察總編輯和賴英錡編輯，使本書順利出版。感謝太太蔡珠兒每天的照顧與支持。本書的謬誤，文責自負。

關於臺灣

1／臺灣是主權獨立國家嗎？

二〇一七年三月一日，前總統馬英九在紐約表示：「我相信沒有必要宣布臺灣獨立，這不會成功。」馬英九說，獨立一詞有兩種不同含義，一個是自治（autonomy），政府自行運作，自行選總統；另一個意思是分裂（separation），這是非常不同的。「只要不分裂，你就維持自治，維持現狀，保留統一作為潛在的選項，我認為這可能是臺灣生存的最佳方式。」三月二日，馬英九在接受「美國之音」採訪時說，中華民國在一九一二年就已經獨立，臺灣的法統源於《中華民國憲法》，一個中國是包括中國大陸和臺灣在內的中華民國。可是，一九四九年以來，中華民國與中華人民共和國早已各自獨立，如何再分裂一次呢？馬前總統是忘記了，還是害怕想起來？

一九四九年以來，臺灣從來就不是中華人民共和國的一部分，中華民國與中華人民共和國是在國際間各自擁有不同數目的外交關係而且互不隸屬的兩個主權國家。過去六十多年來，兩岸關係的癥結就是中共否認這一事實。中華人民共和國的成立是一個新國家的誕生，它起源於一九三一年成立的「中華蘇維埃共和國」，是毛澤東在蘇聯支持下，分裂「中華民國」而搞的另一個中國。中華人民共和國成立後，對內，毛澤東宣稱是無產階級專政的新國家；對外，毛澤東要求繼承中華民國所有國際法上的權利，卻拒絕承認中華民國任何國際法上的義務，所以，毛澤東認為中華人民共和國既是新國家，又是新政府，哪個對他方便他就講哪個。目光轉到現在，馬英九搞不清楚中華人民共和國是新國家，還是新政府；他也沒有弄清楚中華民國到底是「一個中國」中早已被消滅的舊政府，還是「兩個中國」之一的獨立國家。馬英九在紐約堅持中華民國「自一九一二年以來，是（主權）獨立國家」，因此除非他否認中華人民共和國也是主權獨立國家，不然他就應該承認中華民國與中華人民共和國是兩個不同的國家，早已分裂，根本沒有再次分裂的問題。

一九五〇年代，中共執行反美親蘇「一面倒」的外交路線，毛澤東事後承認這個外交路線錯誤，它導致了「兩個中國」的長期共存。韓戰爆發之前，杜魯門政府向毛澤東發出種種訊息，表示美國願意放棄中華民國這個盟友。如果毛澤東在一九五〇年夏天向莫斯科和平壤的共產黨夥伴堅持要先征服臺灣，臺灣可能早就像海南島一樣成為中華人民共和國的一個省分了，中華民國也早就被消滅了。但當時毛澤東同意金日成先侵略南韓，是為了贏得史達林的信任，以便能得到蘇聯海、空軍的援助以攻打臺灣，只是他最後雖然贏得了蘇聯的援助，卻永遠失去了統一臺灣的機會。

一九五四年和一九五八年，毛澤東發動的兩次臺海危機導致了適得其反的效果，迫使美國與臺灣簽訂了《共同防禦條約》，固化了海峽兩岸一邊一國的長期並存。在《共同防禦條約》中，美國實際承認的中華民國領土只涉及臺、澎，對遭受中華人民共和國攻擊的外島，美國的承諾含含糊糊，美國也不承認大陸是中華民國領土的一部分。整個一九五〇和一九六〇年代，毛澤東不斷地錯誤決策，推動革命外交和國際共產主義，把中華人民共和國與中華民國兩國關係凍結在敵對狀態二十多年。

蔣介石晚年試圖改變中華民國的國家戰略，逐漸在心態上和戰略上接受「兩個中國」的前景和外交安排，可惜這種轉變來得太晚和太慢。蔣介石逐漸把臺灣的國防戰略從反攻大陸的進攻戰略調整為保衛臺灣的防守戰略，並且清楚認知美國政策趨勢的改變，臺灣沒有辦法遏阻美國追求符合其安全利益的目標。因此，一九七一年夏秋，他為了確保中華民國留在聯合國，對美國一再退讓和遷就，同意「雙重代表權」和中華人民共和國取得安理會席位，但為時已晚。尼克森為了早日結束越戰而祕密改變對臺政策，不顧蔣介石的妥協，放棄實施「兩個中國」政策的機會，封殺了臺灣的外交空間，直接導致中華民國被驅趕出聯合國。當時，如果第二十六屆聯合國大會通過美國兩項提案而讓中華民國繼續留在聯合國，會對尼克森順利訪問北京造成極大困擾，這是尼克森絕對不願意看到的。另一個推測是，由於當時票數非常接近，如果第二十六屆聯合國大會通過了美國的「雙重代表權」提案，蔣介石為此準備的聲明又會如何對國內、外解釋他留在聯合國的決策呢？

一九七一年底，中華民國被迫退出聯合國之後，面對美國與中華人民共和國改善關係的致命威脅，為了確保臺澎金馬不落入中國之手，兩蔣開始考量「一中一臺」的可能性。一九七一年十月二十七日，蔣經國代表蔣介石召見國軍高層，指示「今後作戰一切以防守為著眼，關於反攻大陸的措施不必做太多的準備。」這是一九四九年後兩蔣對國軍軍事戰略第一次明確的轉變。一九七一年十一月十七日，國民黨中常會討論了放棄「一個中國」的主張，轉而宣布臺灣獨立的可能性。此後，與蔣經國關係密切的外交部次長楊西崑與駐美大使沈劍虹主動找美國大使馬康衛和季辛吉密談，徵求美國對臺灣以「中華臺灣共和國」名義獨立的意見，但美國人不予理會。十二月三十一日，蔣介石終於決定反攻戰略重新部署，計畫與行動完全變更。「此一自立自保，以退為進，以守為攻，以靜制動之戰略，至為重要。」至此，蔣介石明確放棄了「反攻復國」的舊國策，而確立「自立自保」的新戰略，可是臺灣民眾並不知道這一變化。一九七二年，在蔣介石的最後幾則日記中，他一再強調「邁向獨立自強之心理」。至此，兩蔣對中華民國的國家定位已經發生了根本的轉變。

一九七八年十二月十六日，美國宣布承認中華人民共和國，並與中華民國斷交，終止《共同防禦條約》和撤出全部駐臺美軍。十二月二十九日，蔣經國要求美國繼續承認中華民國的法律地位和國際人格，此時，蔣經國已放棄爭論誰是中國唯一合法政府，轉而強調中華民國是一個主權獨立的國家，其存在是一個國際法的事實。他主張中華民國獨立的國際人格，不因美國終止外交承認而有所變更。蔣經國為了繼續與美國發展「實質的官方關係」，要求美國在臺澎金馬的範圍內給予臺灣法理上的承認。外交部副部長錢復在談判中堅決主張，鑑於中華民國有效控制臺澎金馬地區，因此美國應在此範圍內給予法理上之承認。蔣經國甚至在推動制定《臺灣關係法》的過程中，要求美國國會以「臺灣政府」此一名稱來稱呼「中華民國」，由此可見，蔣經國願意接受中華民國領土範圍只涉及臺澎金馬。這點與馬英九今天還在主張的「一個中國是包括中國大陸和臺灣在內的中華民國」很不一樣。

一九八〇年代，蔣經國為了擺脫外交孤立的困境，保衛中華民國在國際社會中「獨立國家」的地位，修改了「漢賊不兩立」的政策。蔣經國放棄了原來對中華人民共和國絕對排斥的態度，轉而採取在兩岸關係上力爭對等地位的作法。在堅持中華民國主權獨立的同時，蔣經國亦提倡「中華民國認同」與「臺灣認同」互相接納，蔣經國在一九七九年臺美斷交之初倡議用「臺灣政府」名稱，即為此概念的體現。以蔣經國的觀點來看，在國際關係中，中華民國就是臺灣，臺灣也就是中華民國。一九八七年夏天，蔣經國說：「我來了臺灣四十年，我也是臺灣人。」這句感性的話是有其深遠政治意義的。

李登輝主政初期，他繼續推動蔣經國晚年以「對等地位」為原則的兩岸交流。為了展現善意，李登輝承認中華人民共和國政府在大陸的治權。不過，為了與中國所定義的「一個中國」原則和「一國兩制」政策有所區隔，李登輝政府陸續提出「一國兩區」（一九九〇年），「一個中國，兩個對等政治實體」（一九九一年），「一個中國指向的階段性兩個中國政策」（一九九三年），「一個分治中國」（一九九七年）與「特殊的國與國關係」（一九九九年）等主張。這些主張都強調「一個中國」是「過去式」或「未來式」，但不是「現在式」；這些主張在堅持中華民國主權獨立基礎上，強調兩岸關係的「對等性」。

一九九九年七月九日，李登輝在提出「兩國論」時指出，歷史的事實是，一九四九年中華人民共和國成立以後，從未統治過中華民國所轄的臺澎金馬。李登輝進一步指出「中華民國從一九一二年建立以來，一直都是主權獨立的國家，又在一九九一年修憲後，兩岸關係定位在特殊的國與國關係，所以並沒有再宣布臺灣獨立的必要」。他主張，解決兩岸問題，從制度上的統合，逐步推演到政治上的統合。李登輝的「兩國論」與蔣經國的「臺灣政府就是中華民國」主張一脈相承。

一九九九年七月參選總統後，陳水扁一再宣示「新中間路線」向社會主流靠攏，接受「現行憲法下的中華民國」政治框架。二〇〇〇年一月三十日，他發表「陳七項」的兩岸政策，主張「臺灣已是主權獨立的國家，沒有宣告獨立或變更國號的問題」。陳水扁在二〇〇〇年五月二十日的就職演說上，針對兩岸關係宣示「四不一沒有」。在二〇〇〇年十二月三十一日的跨世紀元旦演說中，陳水扁進一步提出「政治統合論」，這篇演說對中國充滿善意，提出「根據《中華民國憲法》，『一個中國』原本並不是個問題」和「尋求兩岸政治統合的新架構」，這個主張與國民黨的「憲法一中」主張差別不大。陳水扁在二〇〇二年八月三日發表「一邊一國論」，自己解釋這只是對「兩岸現狀的事實陳述」。

二〇一五年十一月七日，中華民國總統馬英九與中華人民共和國主席習近平於新加坡會面。這是自中華人民共和國成立以來，兩國元首的首次會晤，象徵兩岸關係的重大突破。「馬習會」通過兩國元首的行為，默認了中華民國與中華人民共和國的關係是「特殊的國與國關係」。「馬習會」是兩國元首間的正式會晤，不管他們如何互稱對方，馬英九唯一的正式身分是中華民國總統，他當時並不是國民黨主席，而習近平是中華人民共和國國家主席。國際法公認，國家元首間的正式會晤是「國與國關係」的最高形式。會後，馬英九、行政院長毛治國、陸委會主委夏立言等人都強調「馬習會彰顯中華民國主權」，促使習近平「正視中華民國存在的事實」。果真如此的話，一個互相「彰顯主權」的峰會至少默認了雙方關係是「國與國關係」，因為只有國與國之間的互動才必須「彰顯主權」。其實，在馬英九執政的八年期間，已不斷強調「一中各表」，宣稱「中華民國是主權獨立的國家」、「臺灣前途由二千三百萬人決定」，堅持「不統、不獨、不武」的路線。

蔡英文就任總統後，從五二〇就職到國慶演說，一再提倡兩岸維持現狀、新政府會依據《中華民國憲法》、《兩岸人民關係條例》等相關法律處理兩岸事務；她也提出兩岸既有的政治基礎，包括一九九二年兩岸兩會會談的歷史事實，與中華民國現行憲政體制等，當然，蔡英文明確主張中華民國主權獨立。

綜上所述，就實質內涵而言，從蔣經國以來（甚至蔣介石晚年），臺灣五位總統的國家定位和國家戰略並沒有很大的差異，五位總統都在堅持臺灣的事實獨立，而且都尊重《中華民國憲法》。五位總統對兩岸政策立場之差異，僅存於兩岸關係定位和「一個中國」的定義。在兩岸關係定位方面，蔣經國和馬英九根據《中華民國憲法》將兩岸關係定位為「一國兩區」，臺灣和大陸不是兩個國家，而是兩個對等的政治實體，雙方主權互不承認，治權互不否認。李登輝、陳水扁和蔡英文主張兩岸主權對等，互不隸屬，但憲法上存在某種特殊聯繫。至於「一個中國」的定義，蔣經國和馬英九認為「一中」是指中華民國，他們似乎都不肯承認中華人民共和國是個主權獨立的國家，但蔣經國比馬英九更接受中華民國領土只限於臺澎金馬；李登輝、陳水扁和蔡英文則認為「一中」是指中華人民共和國，中華民國是臺灣的國號，領土只限於臺澎金馬，是不同於中華人民共和國的另一個國家。但五位總統在堅持中華民國主權獨立時，實質上都提倡「中華民國認同」與「臺灣認同」互相接納。

2／中國為什麼還沒有解放臺灣？

二〇一七年三月六日，中國國臺辦主任張志軍參加全國人大「臺灣省代表團」會議後說，「臺獨之路走到盡頭就是統一」，但是那樣的統一方式，一定會給臺灣社會和民眾帶來傷害，「他們會付出巨大的代價」。對此，臺灣陸委會表示，政府對維護兩岸關係和平、穩定現狀的政策始終堅定不移，任何非理性的恐嚇言詞，只會增加兩岸間的誤解；任何試圖以非和平方式處理臺海議題，只會讓兩岸同蒙其害，無助兩岸關係的正向發展。

中華人民共和國領導人自一九四九年十月以來，就不斷公開聲明「一定會解放臺灣」，也就是武力攻占臺灣。可是，六十多年過去了，中國為什麼還沒有解放臺灣呢？

一九四九年十月，毛澤東總結「古寧頭大敗」教訓，認為要攻打臺灣就絕不能缺少海軍和空軍優勢，他決定用一年時間，組織海、空軍和五十萬渡海大軍，預計於一九五〇年秋天攻占臺灣，但他需要蘇聯的軍事支持。當時，史達林和毛澤東都認為，美國不會干涉中國內戰，而國軍又很容易被統戰，所以中國以軍事征服臺灣、徹底消滅國民黨和國軍指日可待。可是，一九五〇年四月，史達林突然改變主意，同意北韓金日成在中國成功占領臺灣之前就先入侵南韓。毛澤東盤算只有贏得史達林信任，才可以獲得蘇聯的軍事援助，所以他就同意了先入侵南韓，再攻打臺灣。這是代價慘重的誤判，韓戰雖然讓毛澤東獲得蘇聯的援助，建立了海軍和空軍，但卻錯失了攻占臺灣的機會。

韓戰爆發以及中國出兵朝鮮，使解放軍無法同時攻打臺灣，然而毛澤東對解放臺灣依然耿耿於懷。韓戰於一九五三年七月停火後，中國的軍事目標又轉向臺灣。一九五四年五月到八月間，解放軍和國軍在浙江沿海頻頻發生小型軍事衝突。一九五四年八月，中共突然發起全國性宣傳攻勢，揚言要「解放臺灣」。九月，毛澤東在臺灣海峽引發重大的戰爭危機，卻得到了適得其反的效果。十二月，臺美簽署《共同防禦條約》。一九五五年三月，美國首次對中國公開進行核子威脅後，毛澤東才認識到美國對保衛臺灣極為認真，於是，周恩來公開呼籲與美國直接談判，美國政府立刻響應，此後，中國停止在臺灣海峽的炮戰。毛澤東所引起的一九五四年臺海危機導致了美國與臺灣簽訂《共同防禦條約》，該條約維持近二十五年，成功地阻止了中國進攻臺灣，確立臺海兩岸長期分裂局面迄今，但中華人民共和國成立以來，以武力「解放臺灣」，仍是中國既定的國策。

一九七二年二月二十八日，中國在《上海公報》中強調：「中華人民共和國是中國的唯一合法政府；臺灣是中國的一個省，早已歸還祖國，解放臺灣是中國內政，別國無權干涉。」毛澤東、周恩來並沒有向尼克森承諾只以和平的方式解放臺灣。一九七三年十一月十二日，毛澤東對季辛吉說國民黨是一群反動分子，「他們怎能和我們合作？」會後，毛澤東特別召集政治局會議批判周恩來「和美國人打交道時犯下右派的錯誤」，因為當天周恩來曾對季辛吉表示，中國會用和平手段解放臺灣，毛澤東說這是不對的，「臺灣只能用打的」。一九七四年十一月二十六日，剛接任第一副總理的鄧小平會見季辛吉，在談到臺灣問題時，鄧小平重申「我們不相信和平交易」，鄧小平堅持不承諾放棄武力。

在鄧小平時代，隨著中美關係的改善，臺海兩岸的關係也走向和緩，但是，鄧小平始終不肯在臺灣問題上做放棄使用武力的承諾。一九七八年十二月十六日，中美建交，中國當天有一個單方面聲明：「至於解決臺灣回歸祖國，完成國家統一的方式，這完全是中國的內政。」但是在《中美建交公報》中，中國放棄了在《上海公報》中「解放臺灣」的說法，而在此之前的幾個月才剛通過的《中華人民共和國憲法》則明文規定要「解放臺灣」，可見，中國拿自己的憲法當兒戲，直到一九八二年中國修改憲法，才拿走了「解放臺灣」一詞。一九八二年通過的現行《中華人民共和國憲法》，只宣稱：「臺灣是中華人民共和國的神聖領土的一部分，完成統一祖國的大業是包括臺灣同胞在內的全中國人民的神聖職責。」二〇〇〇年九月十一日，中國主導對臺事務的副總理錢其琛提出在處理兩岸關係上，「一個中國」可以不是指中華人民共和國，臺灣和大陸都是中國的一部分，好像他可以隨便修改憲法條文。

一九八四年十月二十二日，鄧小平對黨內高層說：「統一問題晚一些解決無傷大局。但是，不能排除使用武力，我們要記住這一點，我們的下一代要記住這一點，這是一種戰略考慮。」中共是一個崇拜暴力革命的列寧主義政黨，毛澤東和鄧小平都迷信武力。

鄧小平認為，如果承諾不以武力解決問題，那麼臺灣就永無解放之日，堅持不排除使用武力，是鄧小平處理臺灣問題的一個立足點。

一九九五年六月李登輝訪問美國，中國在歷經低調、沉默、憤怒和痛批等情緒不斷升高的一個多月後，一九九五年七月十三日，江澤民公開說：「我曾經講過中國人不打中國人，但是我也想說明，這裡面假使國際上有一種干預的勢力，非得要挑起我們的衝突，這個恐怕是中國人也不能答應的。」江澤民將他即將舉行飛彈演習而行威脅之實的責任推給美國。七月二十一日至二十八日間，解放軍舉行飛彈演習，表示懲罰李登輝訪問美國。一九九六年三月，在兩岸關係持續緊張的情況下，中國升級軍事演習而引發臺海危機，美國緊急調動兩個航空母艦戰鬥群來應對，臺海一時戰雲密布。當時，中國發動這場危機既是為了測試美國的臺灣政策底線，也是企圖干涉中華民國第一次全民直選總統，但結果與預期的方向背道而馳，李登輝仍然高票當選。臺灣大選後，中國開始注意到臺灣民意與他們站在對立面，於是被迫調整政策，此後對臺態度緩和了近兩年。

二〇〇〇年三月十五日是總統大選的前三天，中國總理朱鎔基在記者會上發表「不管是誰，只要搞臺灣獨立，就沒有好下場」、「切莫一時衝動，以免後悔莫及」、「還有三天，世事難測，臺灣同胞你們要警惕啊！」的強烈警告，朱鎔基的言論經電視畫面播出，瞬間傳播到臺灣。朱鎔基的威脅，引發臺灣選民反彈，反而成為陳水扁獲勝的因素之一。然而，中國在選後並沒有立刻對臺灣採取強烈的動作，而是對陳水扁採取低調的「聽其言、觀其行」的態度。儘管中國對陳水扁充滿不信任，江澤民仍沒有馬上放棄對話的可能性，不過雙方最終無法妥協。

二〇〇五年三月十四日，中國通過《反分裂國家法》，規定「臺獨分裂勢力以任何名義、任何方式造成臺灣從中國分裂出去的事實，或者發生將會導致臺灣從中國分裂出去的重大事變，或者和平統一的可能性完全喪失，國家得採取非和平方式及其他必要措施，捍衛國家主權和領土完整。」所以，對於「命運與共的骨肉兄弟，血濃於水的一家人」，中國從未放棄過武力威脅。問題是，中國領導人如何判斷什麼是「導致臺灣從中國分裂出去的重大事變」呢？事實上，一九四九年以來，臺灣與中國就一直是分裂的，怎麼能再分裂一次呢？

二〇一五年三月四日，習近平說兩岸關係「基礎不牢，地動山搖」，「地動山搖」是什麼意思呢？當然是武力威脅的意思，因為臺灣民眾都知道中國還有二千多枚導彈對著臺灣。二〇一七年一月十一日，為應對川普新政府，中國國務院發表全文約一萬六千字的「中國的亞太安全合作政策」白皮書，主要闡述習近平的政策。整份白皮書隻字不提臺海和平安全問題，似乎臺澎金馬已經沉入西太平洋。過去六十八年來，臺海安全問題一直是亞太安全的熱點，中國這種無視中華民國獨立存在的態度，無法讓亞太各國相信它的亞太政策，紛紛猜測其背後的真實意圖。對此，美國國務卿提勒森表示，美國透過《臺灣關係法》與「六項保證」向臺灣許下重要承諾：「我們必須再次重申這些承諾，讓臺灣清楚知道我們會履行承諾。」

崛起的中國希望重新建構亞太國際體系，今天，中國不再容忍美國在亞太地區的獨霸，要與美國分享亞太警察的角色，這恐怕也是習近平「中國夢」的一部分。中國挑戰美國時，一方面大規模地擴軍備戰，以武力威脅臺灣，另一方面不斷強調自己是和平崛起，但是，中國自己宣稱的和平目標並不能贏得美國和鄰國的信任。不管它的意圖是什麼，中國軍力崛起的本身就已經對美國的霸權地位造成客觀威脅，六十八年過去了，中國不敢武力解放臺灣的關鍵仍然是中國不敢以武力挑戰美國的霸權，解放軍的海軍和空軍自成立以來，從來沒有正式地打過立體實戰，有的只是演習的經驗，相對地，自二戰以來，美國海、陸、空軍立體實戰經驗不斷，解放軍的海、空軍恐怕很難打贏美軍。

一九四九年以來，臺灣從來就不是中華人民共和國的一部分，國際間存在中華民國與中華人民共和國各擁有不同數目的外交關係且互不隸屬的兩個主權國家。過去六十多年，兩岸關係的癥結就是中共否認或無視這一事實。習近平強調中國是和平崛起，那就應該突破「一個中國」的迷思，「解放思想，實事求是」，承認「中華民國」的主權獨立，如此，才能在「和平共處五項原則」基礎上，實現「中華人民共和國」與「中華民國」之間正常的國與國關係，成就兩岸永久和平。

3 習近平會與蔡英文談判「特殊的國與國關係」嗎？

二〇一七年六月十七日，德國前總理赫爾穆特．科爾去世，享年八十七歲。科爾先後擔任德國總理十六年，一九八二年到一九九〇年是西德總理，一九九〇年到一九九八年是德國統一後的第一位總理。科爾在上世紀九〇年代促成東、西德的統一，被認為是戰後歐洲最偉大的領導人之一。其實，東德人民推倒共產黨的一黨專政，追求自由民主的生活方式，才是兩德統一的真正動力。一九四五年五月八日，納粹德國無條件投降後，美、蘇、英、法對德國進行了長達四年的分區軍事占領，由於西方陣營和蘇聯始終未能就德國政治秩序重建的問題達成一致意見，一九四九年五月二十三日，美、英、法占領的西占區合併，成立德意志聯邦共和國（西德），同年十月七日，蘇聯占領區成立德意志民主共和國（東德）。當時，如何定位彼此關係，兩德之間存在巨大分歧。

一九四九年頒布實施的《德意志聯邦共和國基本法》的序言規定：「全體德國人民應當在自由意志下實現德國的統一和自由。」二戰後長期執政的西德艾德諾政府將兩德統一作為執政的重要任務，並於一九四九年成立「全德事務部」。在處理兩德關係的問題上，艾德諾政府一直奉行德國就是聯邦德國（西德），聯邦德國政府是國際上唯一代表德國的合法政府，民主德國政府是非法的事實政權，任何國家若承認民主德國（東德），則聯邦德國將與之斷絕外交關係。此外，聯邦德國政府主動承擔全部的戰爭賠償責任，以彰顯自身的唯一代表性。

作為聯邦德國最大反對黨的社會民主黨一直主張應以中立態度對待民主德國，並將兩德和解作為該黨的奮鬥目標。一九六九年十月，勃蘭特代表社民黨出任聯邦德國總理，提出著名的「新東方政策」，為了實現歐洲的和平，聯邦德國應努力與蘇聯及包括民主德國在內的東歐各國實現關係正常化。不過，勃蘭特又表示，「聯邦德國政府不會對民主德國進行國際法上的外交承認，即使兩德是一個德國下的兩個國家，彼此之間也不是外國，二者的關係應是一種特殊的關係」。顯然，勃蘭特主張以特殊的國與國關係定位兩德關係。對於聯邦德國的新東方政策，民主德國的態度非常積極。

儘管在兩德關係的定位上存在巨大的認知分歧，勃蘭特和民主德國總理斯托夫仍然於一九七〇年三月十九日進行了歷史性的會面。勃蘭特明確提出，願意與民主德國政府締結和平條約，不過條約應兼具國際法與國內法的特徵，而斯托夫的回應是：「我們的目標就是要讓民主德國與聯邦德國之間形成平等的國際法關係……民主德國是一個主權獨立的國家。它不是，而且永遠不會是聯邦德國的一部分……你們所謂的內部德國關係無非是你們已經失敗的『唯一代表德國』政策的另一翻版而已。」

兩德最終於一九七二年十二月二十一日簽署《兩德基礎條約》，該條約由主條約和附屬議定書組成。主條約的內容為：第一，兩德問題的本質是民族問題，兩德之間是權利平等的友鄰關係，兩德應堅持國家之間主權對等的原則，尊重彼此的互不隸屬性、獨立性、領土完整和自決權，並且均不得在國際上代表對方或以對方的名義活動。第二，兩德均不得在對方領土範圍內行使治權，尊重對方在處理內政外交上的獨立性和自主性。第三，兩德必須放棄武力，並以和平方式解決彼此的爭端。第四，兩德之間應加強經濟文化事業上的合作，並互設常駐代表。在《兩德基礎條約》簽署的當天，聯邦德國代表巴爾向民主德國代表科爾遞交「關於德國統一的公開信」，聲稱條約「不能違反聯邦德國旨在透過確保歐洲和平，進而讓德國人民以自決的方式重新實現統一的政治目標」。可見，雙方為了化解分歧，同意在條約中創造模糊空間，允許彼此就「同一條約，各自表述」。

《兩德基礎條約》承認在原「德意志國」的領土範圍內產生了兩個新的、平等的、互不隸屬的獨立國家，該條約還確立了國界的劃分。《兩德基礎條約》締結後，一九七三年九月十八日，聯合國大會通過同時接納德意志聯邦共和國和德意志民主共和國加入聯合國案。一九七四年三月十四日，東、西德簽署互派常駐代表機構的議定書。一九七四年九月，美國承認東德，在國際上有兩個德國同時存在，乃成為既定的事實。此後，雖然聯邦德國政府和聯邦憲法法院宣稱民主德國不是「外國」、兩德關係是兼具國際法與國內法雙重特徵的特殊關係，但民主德國政府公開主張《兩德基礎條約》就是正常國家之間的國際條約，根本沒有什麼特殊性可言，聯邦德國簽署這一條約，就是承認了兩德關係屬於國際法上國與國的關係。事實上，在條約締結後，兩德關係一直是以純粹的國際條約的形式予以調整。《兩德基礎條約》是一九九〇年兩德統一的重要前提，條約實現了兩國關係正常化，緩和了歐洲東、西方陣營緊張對峙的局勢，從而為兩德統一開創了重要的外部條件。條約有利於兩德人民之間的互信和心理距離的拉近，從而成為兩德統一關鍵的內在動因。

臺灣的領導人和外交官一直對借鑑「兩德模式」來定位中華民國與中華人民共和國的關係有很大興趣。早在《兩德基礎條約》談判期間，臺灣外交部就與美國國務院商討以「兩德模式」解決兩個中國在聯合國代表權的問題。一九七一年二月初，外交部常務次長楊西崑向美國駐臺灣大使馬康衛提議靈活對待聯合國代表權問題。楊西崑提出的構想是一項分成兩段的決議案：第一段接納中華人民共和國入會；第二段聲明中華人民共和國入會不影響中華民國在聯合國的權利，並附帶一項諒解，指出兩個政府間的分歧，應由雙方自行和平解決。楊西崑認為即使中華民國被理解為只是代表臺灣和另外幾個小島，它的名稱仍要用中華民國。楊西崑認為這種新方式如同東德與西德的情形。美國駐臺大使館當時認為他的看法經過詳密思考，臺灣政府內部曾經討論過他的方案。

但是，一九七一年十月二十一日，季辛吉第二次訪問北京時向周恩來解釋說，美國原來考慮走「兩個中國」方式，指出任何政府對一個地區行使管轄權，都應該在聯合國有代表權。這就把兩個中國置於和兩個德國、兩個韓國同等的地位。現在美國在聯合國提出「雙重代表權案」只說一個中國，但實際上有兩個政府。然而周恩來反對這樣的作法，說美國的「雙重代表權案」如果通過了，北京仍拒絕入會，「回家睡覺」。季辛吉、尼克森為了加強苦心經營、來之不易的美中間脆弱的信任，在聯合國中國代表權問題上犧牲臺灣，主動放棄以兩德模式來解決兩岸關係。

一九七八年十二月底，中華民國在與美國斷交後的兩國關係談判中，臺方集中全力爭取美方承認中華民國在臺澎金馬的「法理」與「事實」之存在和法律地位。外交部次長錢復在談判中堅決主張，鑑於中華民國有效控制臺澎金馬地區，因此美國應在此範圍內給予法理上之承認。美方極力反對錢復的要求，說美國已經承認「中華人民共和國」為中國之唯一合法政府，因此，若給予臺灣任何方式的法理承認，將違反卡特總統的政策。美方警告臺方勿對追求「法理」承認一事心存幻想，而應注意現實問題，談判雙方無法達成共識。

臺灣外交部根據「以兩德模式為例的分裂國家理論」，在一九九三年十一月明確提出中華民國與中華人民共和國為「互不隸屬之兩個主權國家」。外交部指出：「中華民國自一九一二年肇建即為一主權獨立之國家，而中華人民共和國成立於一九四九年亦自稱為主權國家，據此，國際間顯已存在各擁有不同數目的外交關係且互不隸屬之兩個主權國家，故中華民國及中華人民共和國實為一個中國（歷史或地理之含意）下互不隸屬的兩個主權國家，乃不容任何人否認或能予無視之事實。」外交部進而強調：「中華民國與中華人民共和國為『中國』（歷史或地理）境內互不隸屬之主權國家，在統一條件成熟前，我政府目前所採者可謂以將來『一個中國』為指向之階段性之兩個中國政策。」

一九九九年七月九日，在接受「德國之聲」專訪時，李登輝總統首次提出兩岸關係定位至少是特殊的國與國關係：「一九九一年修憲以來，已將兩岸關係定位在國家與國家，至少是特殊的國與國的關係，而非一合法政府、一叛亂團體，或一中央政府、一地方政府的『一個中國』的內部關係。」二〇〇二年七月，對中國態度極度失望的陳水扁總統，兩度公開表示「應該思考走出臺灣自己前途的路」。陳水扁在二〇〇二年八月三日發表「一邊一國論」，他解釋這只是對「兩岸現狀的事實陳述」，且立即派陸委會主委蔡英文赴美說明。

二〇一四年九月二十二日，馬英九總統與歐洲媒體訪問團晤談時指出，歐洲從整體來看，因為在許多歷史、政治及經濟方面的發展，提供了我們很多參考的經驗。譬如說，德國處理兩個德國的經驗對於我們處理兩岸關係，也提供了一個相當不錯的參考架構。譬如說，德國人在一九七二年簽的《兩德基礎關係條約》，以及這個條約背後的理念，就是「一個德意志，兩個國家」，還有「主權」跟「治權」分離，都給我們帶來許多有意義的參考價值。

事實上，無論是李登輝的「特殊國與國關係」或馬英九的「兩岸互不承認主權、互不否認治權」，都受到《兩德基礎條約》的影響。陳水扁也曾經表示，兩德統一前先締結《兩德基礎條約》的方式值得臺灣借鑑，而蔡英文總統其實也主張用「特殊國與國關係」來定位臺灣與中國關係。二〇一六年十月十三日，立法院審查司法院院長被提名人許宗力同意案，當許宗力教授被問及兩岸關係定位時，他回答是「特殊國與國關係」，從沒用過「兩國論」三個字，只是說兩岸之間很類似過去西德與東德間的關係。許宗力與蔡英文都是一九九九年李登輝所主張的「特殊國與國關係」理論的起草人。可見，從李登輝到蔡英文，臺灣的四位總統都願意借鑑兩個德國的經驗來處理兩岸關係。

在二〇一五年十一月七日的「馬習會」上，習近平強調兩岸關係的根本性質是「大陸與臺灣同屬一個中國，兩岸關係不是國與國關係，也不是『一中一臺』。雖然兩岸迄今尚未統一，但中國的主權和領土完整從未分裂。兩岸同屬一個國家、兩岸同胞同屬一個民族，這一歷史事實和法理基礎從未改變，也不可能改變」。中華人民共和國的領導人幾十年來一成不變，墨守成規，說「尚未統一，但從未分裂」，邏輯自相矛盾，他們的主張類似西德早期的艾德諾政府，使東、西德無法在對等的基礎上正常交往，建立互信。習近平應該學習勃蘭特總理的「新東方政策」，以特殊的國與國關係定位兩岸關係，如此，中華人民共和國與中華民國才能在對等互信的基礎上實現兩國關係正常化，兩國人民之間的心理距離才能拉近。習近平先與蔡英文確立「特殊的國與國關係」，兩岸才可能談判和平統一，這叫「以退為進」，「退一步海闊天空」，習近平有這樣的政治智慧嗎？

4／美中「新冷戰」，臺灣怎麼辦？

冷戰指的是第二次世界大戰之後，以美國為首的自由世界與以蘇聯為首的共產陣營之間長達近半世紀的政治對抗。一般認為，冷戰始於一九四七年美國提出「杜魯門主義」，結束於一九九一年蘇聯解體。當前，美國與中華人民共和國之間的政治競爭正在發展成為「新冷戰」，而川普上任前就提出與中國周旋是美國最有挑戰性的長期課題。二〇一七年，我在《總統川普》的書評中曾說，透過川普的書，可以了解他對美中關係的基本想法，同時有助於臺灣制定對策。

在該書中，川普強調：「現在我們跟中國的競爭主要在經濟方面，而且我們長期以來一直處於下風。」不過，他認為：「中國的經濟非常依賴我們，他們比我們更需要美中貿易。」他說：「不能再讓他們用貿易保護政策和網路盜竊來搶我們的工作，占我們的便宜。」川普毫不留情地批評：「『壞中國』限制國民上網，鎮壓政治異議者，強行關閉報社，監禁反對者，限制個人自由，用網路攻擊別人，還利用它在世界各地的影響力操控經濟，同時還不斷增強它的軍事實力。」至於如何改變美中關係現狀，川普說：「第一步就是對中國人擺出強硬姿態，第二步是保持彈性，然後永遠不要秀出手裡的牌。」與中國周旋「出其不意才能打勝仗」。他說：「有些人希望我不要把中國人說成我們的敵人，可是他們就是我們的敵人。」很明顯，川普認為中國挑戰美國主導的國際秩序，已經成為美國的敵人。他要重新談判美中貿易投資關係，不容忍中國與美國爭霸。一年過去了，聽其言，觀其行，川普實際上按他書中闡述，對中國發起了「新冷戰」，改變了《上海公報》發表四十六年來，美國對華政策的出發點和基本態勢。

過去四十六年來，美國對中國的政策是基於對中國實力與意圖的估計，從美國所處的現實出發，為美國國家利益所設計的。首先，《上海公報》反映的是一九七〇年代的情況，美、中這兩個意識形態和政治體制完全不同的國家，彼此之間存在著巨大的分歧，但是地緣政治促使它們走在一起，當時雙方都需要戰略收縮，以便集中精力對付蘇俄。

而現今中國實力已經超越俄國，成為唯一能在全球與美國爭霸的國家。其次，過去八位美國總統都認為，促進世界貿易和經濟全球化、讓中國融入美國主導的國際資本主義體系，可能改變它的政治經濟制度，甚至社會價值觀。但是，中國雖然是全球化最大受益者，其經濟的開放卻未導致政治民主化；相反地，近年來中國國進民退，威權盛行，習近平實行終身制，還在國際上推銷他的價值觀，這些現實迫使川普重新審視美國對中國政策的基本假設。

習近平還改變了鄧小平「韜光養晦」的外交政策，同步推動「經濟崛起」和「軍事崛起」。中國擴軍備戰，視南海、東海為內海、武力恐嚇臺灣、推銷「一帶一路」擴張勢力範圍。崛起的中國希望重新建構亞太國際體系，不再容忍美國的獨霸，而美國認為它在亞太地區的核心利益是保證航行自由、威懾中國軍事冒險、遏制中國吞併臺灣和擴張勢力範圍。

面對中國的挑戰，川普政府如何回應？首先，川普調整國安團隊，任命前美國駐聯合國大使波頓為國家安全顧問，擔任協調美國外交政策的核心角色。身為共和黨內的鷹派，波頓在外交政策上立場強硬，主張反制中國、與臺灣恢復外交關係、重新審視「一中政策」。川普又提名中情局局長蓬佩奧出任國務卿。蓬佩奧一向忠誠力挺川普，將中國視作挑戰美國的敵人。可以說，川普與他新的國安團隊，是一九五〇年代艾森豪（總統）／杜勒斯（國務卿）時代以來，美國對中國最強硬的決策當局。

其次，二〇一七年十二月，川普提出的《國家安全戰略報告》，批判中國是「意圖破壞現狀的強權」，一心想動搖美國的利益。文件用不尋常的尖銳語氣，將中國描述成全球競爭對手，指控中國企圖在亞洲「取代美國」，並列出美國的各種不滿，從中國竊取資料到傳播「威權制度」等。

再次，川普認定中國對北韓施壓不力。二〇一七年四月初，首度「川習會」時，美國正需要中國合作向北韓施壓，川普笑臉迎接習近平，做出美中親善的假象。然而，北京除故作姿態外，並未能使北韓收斂，川普對北京態度轉趨冷淡。最近，川普獲南韓協助處理北韓核武，宣布將在五月底前直接與金正恩會談，將習近平撇在一邊，降低了中國通過打「朝鮮牌」與美國討價還價的籌碼。而北韓領導人金正恩則通過與習近平會面來加深美中兩國間的戰略猜忌，從中漁利。

第四，川普祭出「關稅制裁」及「投資限制」兩大武器，要中國修正不公平的貿易方式。美國針對中國的「三〇一」調查發現，中國在市場准入、強迫合資與技術轉移上，讓美國企業受不公平待遇。川普的國安戰略認定中國有「經濟侵略行為」，這是美中關係要從「經濟交往」轉為「經濟競爭」的訊號。一年來，川普試圖藉由對話改變中國的作為，與中國建立許多經貿對話管道，都未見效，最後，川普不得不祭出關稅制裁，對中國「鳴槍示警」。

第五，二〇一七年十月，美國前國務卿提勒森首度提出美國聯合印度、澳洲、日本等民主國家來遏制中國擴張的「印太戰略」，這是川普上任後第一個較明確的對中國政策；而川普政府在南海問題上則是態度強硬，立場堅定。

最後，川普當選後，與蔡英文通電話，且公開質疑前任的「一個中國」政策，讓美中關係在他上臺前，就產生不確定性。二〇一七年夏，白宮批准十四點二億美元的對臺軍售。二〇一七年十二月，川普簽署《國防授權法》，美國國會藉由該法中，關於「強化美臺防務關係」的「國會意見」，要求政府考慮美、臺軍艦互訪停靠的可能性。二〇一八年三月，川普簽署《臺灣旅行法》，旨在促進美國與臺灣間的高層交流，本法是繼《臺灣關係法》後，美國與臺灣相關的最重要的國內法。

當前，在美中「新冷戰」的大環境中，夾在兩強之間的臺灣，要如何應對？首先，臺灣應該堅持親美的外交路線，堅定站在自由民主陣營一邊。臺灣是不可能奉行「中立主義」，當騎牆派的。

中華民國外交的核心是臺灣安全，一九八五年十月二十一日，蔣經國接見美國前國家安全顧問克拉克時，強調與美國共同的利益、理想與目標，是雙方合作的基礎，能解決任何的問題：「我們有兩個基本立場，對外來說我們永遠與美國站在一起，對內我們堅持貫徹民主憲政，這兩個基本原則，我們絕不改變。……安全方面我們非常清楚，維持臺灣海峽的安全是目前我們最重要的任務。為了維持臺海的安全，我們現在必須有計畫地堅強自己，使中共不敢隨意侵犯我們。維持自己的力量可以說是維持臺海安全最主要的條件，也是我們為什麼要向美國購買精密武器的理由。臺灣海峽的問題，不僅只是臺灣本身的問題，事實上也是整個東南亞、東北亞的問題。」蔣經國設定的這個基本國策今天仍然適用。特別是，加強臺灣國防實力，才是維持臺灣安全最主要的條件。

其次，臺灣民眾要有自信心，不必老是憂心自己會成為美中之間的「臺灣牌」。臺灣經濟、科技與軍事綜合實力在全世界第二十名左右，地緣位置又如此重要，還有不斷進步的自由民主軟實力，臺灣有能力獨立推動對外關係，而不淪為別國的籌碼。臺灣與美國和亞太多數鄰國有共同的利益，即遏制中國破壞亞太勢力平衡的現狀。特別是，臺灣應該將「新南向政策」與美國、印度、澳洲、日本等國家的「印太民主同盟」結合起來，使這些國家也成為「新南向政策」的重要合作伙伴。

最後，臺灣只有二十個邦交國，總統和外交部長無法去世界上絕大數的國家做正式訪問，而經濟部長、國發會主委忙於國內事務，因此，行政院應該成立「國際經貿合作部」，將外交部、經濟部、國發會、新南向政策辦公室、僑委會等各個部門中與國際經貿和投資有關的業務統合起來，由政務委員領導，專職向世界各國，特別是亞太鄰國做經貿投資外交，並常年作為總統特使出訪各國。

同時，行政院應將外交部和陸委會合併，改稱「對外關係部」，統領臺灣與中美和世界各國的政治關係。臺灣民間還有大量資源可以發展國民外交，政府也可支持退休外交官們組成外交協會，推動民間外交。

前不久，一名北京學者私下說：「和奧巴馬（歐巴馬）打交道，抓得到套路；和特朗普（川普）打交道，那可說不準。」這番話，傳神地形容了川普上任一年來，起伏不定的美中關係，以及北京對川普的無可奈何。臺灣民眾能讀到《總統川普》，更好拿捏他「難以預測」的個性吧。

5／兩岸如何借鏡兩韓對話呢？

二〇一八年四月二十九日，北韓領導人金正恩與南韓總統文在寅舉行峰會，對此，蔡英文總統在受訪時指出，「只要沒有設政治前提，而且在對等原則之下，我相信沒有任何一個臺灣總統會拒絕，甚至於我們也樂見可以與對岸的領導人見面」。而行政院發言人徐國勇表示，和平、對話是區域和平的重要基石，兩韓和平對話可作為兩岸借鏡。

早在一九七一年二月，中華民國就考慮以「分裂國家理論」來處理兩岸關係，外交部次長楊西崑曾向美國大使馬康衛提議靈活對待聯合國代表權問題。楊西崑提出一項決議草案：第一段接納中華人民共和國入會；第二段聲明中華人民共和國入會不影響中華民國在聯合國的權利，並附帶一項諒解，指出兩個政府間的分歧，應由雙方自行和平解決。楊西崑認為即使中華民國被理解為只是代表臺灣和另外幾個小島，它的名稱仍要用中華民國。楊西崑認為這種新方式如同東德與西德的情形。一九七一年九月初，蔣介石接受美國的「雙重代表權」方案，包括將安理會席位轉給中華人民共和國。

一九七一年十月二十一日，季辛吉對周恩來說，美國原來考慮「兩個中國」方式，指出任何政府對一個地區行使管轄權，都應該在聯合國有代表權。這就把兩個中國置於和兩個德國、兩個韓國同等的地位。現在美國在聯合國提出「雙重代表權案」只說一個中國，但實際上有兩個政府。可是，周恩來反對這樣的作法，說美國的「雙重代表權案」如果通過，北京仍拒絕入會，「回家睡覺」。季辛吉、尼克森為了贏得周、毛二人的信任，在聯合國中犧牲臺灣，主動放棄以兩德或兩韓模式來解決兩岸關係。

兩德卻於一九七二年十二月二十一日簽署《兩德基礎條約》，承認在「德意志」的領土範圍內產生兩個新的、平等的、互不隸屬的獨立國家。《兩德基礎條約》締結後，一九七三年九月十八日，聯合國同時接納德意志聯邦共和國和德意志民主共和國。

北韓一直強烈反對兩韓分別加入聯合國（表示這等於國際批准朝鮮半島永久分治），堅稱它是韓國真正的政府。不過，一九九一年夏，為打破外交孤立，北韓突然宣布，它將申請成為聯合國的獨立成員。一九九一年九月十七日，大韓民國和朝鮮民主主義人民共和國同時加入聯合國。

二〇〇〇年六月十三日至十五日，第一次南北韓高峰會在平壤舉行，南韓總統金大中與北韓領導人金正日會談。這是朝鮮半島分裂五十五年後的首次首腦會議，發表了《北南共同宣言》。二〇〇七年十月二日至四日，第二次南北韓高峰會在平壤舉行，南韓總統盧武鉉與北韓領導人金正日會談，簽署《北南關係發展與和平繁榮宣言》。二〇一八年四月二十九日，南北韓領導人在板門店舉行第三次峰會。文在寅與金正恩簽署《關於實現半島和平、繁榮及統一的板門店宣言》。根據宣言，兩韓將爭取在二〇一八年內宣布結束戰爭狀態，雙方也一致確認通過完全棄核實現半島無核化的共同目標。

兩岸關係如何參考借鏡兩德、兩韓的經驗呢？首先，兩德、兩韓都接受「互不承認主權但互不否認治權」的「特殊的國與國關係」。但是，中華人民共和國的領導人幾十年來一成不變，墨守成規，說兩岸「尚未統一，但從未分裂」，邏輯自相矛盾，他們的主張類似北韓早期的主張，阻礙兩岸在對等的基礎上正常交往、建立互信。習近平應該學習金正恩，以「特殊的國與國關係」定位兩岸關係，如此，中華人民共和國與中華民國才能在對等互信的基礎上實現兩國關係正常化，兩岸人民之間的心理距離才能拉近。

其次，兩德、兩韓同時加入聯合國後，並不影響它們追求統一的最終目標。東德人民追求自由民主的生活方式，才是兩德統一的真正動力。而臺灣的前途只能由臺灣二千三百萬人民來決定。當前，中華人民共和國和中華民國這兩個主權國家之間的關係，應該以「和平共處五項原則」為基礎（互相尊重主權和領土完整、互不侵犯、互不干涉內政、平等互利、和平共處），而不能以在概念上有爭議的「一中原則」為基礎。中華人民共和國應該接受中華民國加入聯合國或其它國際組織。

再次，中華民國如果同中華人民共和國簽署「和平協議」，屬於「國家與國家」間所簽署的國際條約，適用一九六九年《維也納條約法公約》規範。這個「和平協議」必須通過國際機構協助來保障協議的執行。它必須設立爭端解決機制，依據預先設立的程序和規則來解決協議執行過程中的爭議。

臺灣願意與中國建立「新型鄰國關係」，在「和平共處五項原則」基礎上，實現臺灣與中華人民共和國之間正常的國與國關係，成就兩岸永久和平。至於臺灣加入聯合國的國名叫「中華民國」，還是「臺灣共和國」，這是臺灣二千三百萬人民的內政，和中華人民共和國沒有關係。

6 臺灣如何成為國際關係的高段「棋手」呢？

最近，總統蔡英文談及國際情勢時表示，臺灣二千三百萬人口不算少，在經濟、國防方面也有相當實力；當有人說臺灣是別人的棋子時，不要忘了，「我們自己也是棋手」，可順勢操作，以臺灣的國家規模與實力，不太可能逆勢操作，須掌握情勢順勢操作。但是，臺灣如何成為國際關係的高段「棋手」呢？首先要認清什麼是國際情勢的順勢和逆勢；其次是強化「威懾性」國防體系；再者，主動「與利害相關者，在對的時間合作、協力」，也就是審時度勢，借力使力。

什麼是國際情勢的順勢和逆勢呢？一九九一年蘇聯解體後，歷屆美國總統都認為，後冷戰時期，促進世界貿易和經濟全球化、讓中華人民共和國融入美國主導的國際資本主義體系，可能改變它的政治經濟制度，甚至社會價值觀。但是，二十多年來，中國雖然極大受益於全球化，其經濟發展並未導致政治民主化；相反地，近年來中國經濟國進民退，政治威權盛行，習近平「黃袍加身」。他還改變鄧小平「韜光養晦」的外交政策，同步推動「經濟擴張」和「軍事崛起」，視南海、東海為內海，武力恐嚇臺灣、推銷「一帶一路」以擴張勢力範圍。崛起的中國希望重新建構亞太國際體系，不再容忍美國的獨霸。而川普視中國為侵蝕美國安全和繁榮的戰略競爭對手，不再試圖將其完全納入美國主導的國際政治與經濟秩序中。

當前，美國與中華人民共和國之間的戰略競爭正在發展成為「新冷戰」。川普重新審視《上海公報》發表以來美國對中國政策的基本假設，他認為美國在亞太地區的核心利益是保證航行自由、威懾中國軍事冒險、遏制中國吞併臺灣。川普當選後，與蔡英文通電話，且公開質疑前任的「一個中國」政策，讓美中關係在他上臺前，就產生不確定性。二〇一七年夏，白宮批准十四點二億美元的對臺軍售。二〇一七年十二月，川普簽署《國防授權法》，美國國會藉由關於「強化美臺防務關係」的「國會意見」，要求政府考慮美、臺軍艦互訪停靠的可能性。二〇一八年三月，川普簽署《臺灣旅行法》，旨在促進美國與臺灣間的高層交流。本法是繼《臺灣關係法》後，美國與臺灣相關的最重要的國內法。川普與他新的國安團隊，是自一九五〇年代艾森豪／杜勒斯時代以來，美國對中國最強硬的決策當局。

對於美中「新冷戰」的國際情勢，臺灣人民必須認清，世界上只有中華人民共和國一個國家以消滅中華民國、剝奪臺灣人民自決權為其基本國策，並且不惜對臺灣使用毀滅性武力，所以，臺灣應該堅持親美外交路線，堅定站在自由民主陣營這一邊；臺灣是不可能奉行「中立主義」，當騎牆派的。有些臺灣政治人物主張「和平主義」、「中立主義」，在美中之間不選邊站，這些人不是天真，就是愚蠢。他們忘記了中國憲法和中共黨章白紙黑字明確規定「解放臺灣，統一中國」。不是臺灣要選邊站，而是中共逼得你不得不選邊站。臺灣與美、亞多數鄰國有共同的利益，即遏制中國破壞亞太均勢。特別是，臺灣應該將「新南向政策」與美國、印度、澳洲、日本等國家的「印太民主同盟」結合起來，與這些國家成為合作夥伴，這才是國際情勢的順勢而為！

認清了國際情勢後，為了維護臺海「和平現狀」，臺灣亟需強化「威懾性」國防體系。上世紀冷戰沒有發展成熱戰，一個重要的原因是美蘇建立起互相確保毀滅的「核威懾」戰略關係。互相確保毀滅（Mutual Assured Destruction）指對立兩方中如果有一方使用核子武器則兩方都會被毀滅，被稱為「恐怖平衡」。根據嚇阻理論：要避免有人使用毀滅性武器就必須自己也部署這樣的武器。此一戰略主要在冷戰時期（一九五〇年代到一九九〇年代）應用，但它造成軍備競賽，因為雙方都要爭取核子武力的平手，或至少保留第二擊的能力。中國和北韓都是基於此戰略思想研製核子武器。美國為了避免核子擴散，建構了核子保護傘，將無核第三國也納入互相確保毀滅的秩序中，一九六〇年代末，美國曾短暫地將臺灣納入它的核子保護傘下。不過，一九八〇年代末，美國迫使臺灣放棄獨立的核計畫，無法像北韓一樣發展自己的核武器。

近二十年來，中國以年均百分之十的速度持續增加軍事開支，完全打破了臺海兩岸軍事平衡。與此同時，臺灣以年均百分之二的速度增加國防開支，而國防戰略又過於被動防守，既沒有核威懾，又沒有常規武器的報復能力。「威懾」是以有效武力作為威脅，迫使敵方因可能無法承受報復而不敢貿然發動戰爭。威懾的手段分為「懲罰性威懾」與「抑阻性威懾」，前者採取迅速和壓倒一切的報復行為，迫使進攻者認識到得不償失，其立足點是反擊能力；後者則以足夠的、有效的防禦能力，使敵方感到無法實現預期的目的。臺灣國防戰略建立於有效防禦能力的假設之上，而不注重報復能力，這是由美國根據《臺灣關係法》只出售防禦性武器所造成的。

其實，臺灣應該以常規武器報復力量為後盾，對敵方的戰略目標進行威懾，使其認識到一旦採取敵對行動將招致嚴重後果，從而放棄原有的企圖。但是，臺灣依靠美國技術轉移的「國艦國造」、「國機國造」遠水救不了近火，進度受制於美國政策的不確定性。幸虧中科院研發「雲峰高空巡弋飛彈」，射程可涵蓋北京，長程攻擊犀利精準！如果臺灣能盡快量產一千枚以上，對中國的重要軍政目標，皆能產生有效威懾，可破壞其犯臺行動的作戰節奏，有利於強化「威懾性」國防體系。另外，「增程型雄風三型超音速反艦飛彈」威力強大，射程可達四百公里，可能成為「重層嚇阻」軍事戰略的關鍵武器，應該盡快量產，數量至少為六百枚，而不是六十枚，這對強化臺灣防衛有重大助益。

二〇一七年底，臺灣各級政府舉借公共債務餘額為六兆新臺幣，占國內生產毛額（GDP）比率約為百分之三十六，低於世界發達國家的平均水準，根據《公共債務法》有關不得超過百分之五十的規定，中央政府還有空間可增加債務。政府可發行三千億「國防安全」特別國債（不到GDP的百分之一點五），用於量產和設置一千枚「雲峰高空巡弋飛彈」和六百枚「增程型雄風三型飛彈」。這是臺灣負擔得起、又有自主技術，可獨立決定和實施的國防戰略，有助於兩岸軍事再平衡和維護臺海和平。這種「威懾性」國防戰略概念也適用於網路安全戰略！臺灣應建立對網路進攻的反擊報復能力。

臺灣如何在外交上下功夫、「與利害相關者，在對的時間合作、協力」呢？臺灣只有二十個邦交國，總統和外交部長無法去世界上絕大多數國家做正式訪問，而經濟部長、國發會主委忙於國內事務，因此，政府應該成立「國際經貿和投資合作部」，將外交部、經濟部、國發會、新南向政策辦公室、僑委會等各個部門中與國際經貿和投資有關的業務統合起來，由政務委員領導，專職向世界各國，特別是亞太鄰國做經貿和投資外交，並常年作為總統特使出訪各國。特別是川普傾向國際貿易雙邊主義，臺灣更應該趁美中貿易關係緊張之際，積極推動臺美間的「自由貿易協定」（FTA）。

近二十年來，中國經濟的高速發展以大量舉債為基礎。據國際貨幣基金（IMF）於二〇一八年四月的報告，中國舉債規模從二〇〇一年的一點七兆美元，暴增至二〇一六年的二十五點五兆美元。同期的中國GDP從二〇〇一年的一點三兆美元，增至二〇一六年的十一點二兆美元。而國際金融協會（IIF）早在二〇一七年就指出，中國總債務已飆破GDP的百分之三百了。巨額債務正在讓中國夢變成一場「黃粱惡夢」。不過，臺灣金融業對中國的直接和間接風險敞口估計超過千億美元，監管當局應當加強審查金融業持有的對中國直接和間接信貸，高度重視中國地方政府融資平臺和企業的貸款違約風險，協助金融業逐步對中國的信貸業務降溫，不然，等中國「戲院著火時，大家再一起跑」，就來不及了。

臺灣的好山好水和文化古蹟，因為臺灣入不了聯合國，也就不能申請為聯合國教科文組織的世界文化遺產，但現在美國和以色列退出了該組織，政府應該同它們聯絡，爭取合作創立一個非聯合國教科文組織的三國遺產名單！三國對這些遺產的認證、保護和觀光展開合作。行政院應該協調文化部、交通部觀光局、外交部一起來推動，向國際社會展現臺灣的軟實力。

臺灣要成為國際關係的高段「棋手」，追求與中國建立「新型鄰國關係」，在「和平共處五項原則」基礎上，實現臺灣與中華人民共和國之間正常的國與國關係，成就兩岸永久和平。

7／英國為何反對航空公司更改臺灣名稱？

二〇一八年七月十一日，針對中國施壓多家國際航空公司更改臺灣名稱，英國外交部副部長費爾德表示，英國企業不應為政治壓力所迫做出改變，英國外交部已就此事向中國政府表達關切。費爾德同時指出，英國政府長期以來的對臺政策並未改變，英國政府向來以「臺灣」稱呼臺灣，如有列表則將臺灣個別列於country／territory（國家／領土）或world locations（世界地名）之下。英國政府長期以來的對臺政策是什麼呢？

一九五〇年一月六日，英國外交承認中華人民共和國政府，同時撤銷對中華民國政府的承認。但是，同年二月十五日，英國外長貝文強調：「一九四三年，臺灣是日本帝國的一部分領土；英王政府認為臺灣法理上仍是該領土的一部分。……目前，島上實際行政由吳國楨負責，就英王政府了解，他並未否認國民政府的統治權威。」這項聲明發表在英國承認中華人民共和國政府之後。

一九五〇年六月二十六日，韓戰爆發後，英國副外長楊格告訴英國議會：「福爾摩沙法理上仍是日本領土。……福爾摩沙的處理將與對日和約一併決定。」楊格的這項聲明發表在六月二十七日美國總統杜魯門提出「臺灣地位未定論」之前。事實上，楊格的說法事先並未與美國諮商，卻吻合杜魯門的新主張。一九五一年九月八日，《舊金山和約》簽訂，和約第二條規定：「日本國放棄對於臺灣及澎湖群島以及南沙群島及西沙群島之一切權利、權利名義與要求。」英國作為《舊金山和約》的主要發起國，承認「和約並未預先判定該島嶼的未來，它仍將由聯合國討論，但未來如何解決是開放的」。一九五二年一月十八日，重新執政的邱吉爾首相告訴美國國會：「我很高興……你們不讓福爾摩沙的中國反共政府遭到大陸的入侵和屠殺。」一九五四年七月十四日，邱吉爾向英國議會表示，他看不出有任何理由，在未來某一天為什麼臺灣不應置於聯合國的代管之下。一九五五年四月二十七日第一次外島危機時，外相麥米倫強調，英王政府的政策是看到臺灣及外島問題以談判去解決。可見，一九五〇年代英國對臺政策確立了若干要素：雖然英國撤銷承認中華民國政府，但臺灣法律地位未定，臺灣並不屬於中華人民共和國所有；未來臺灣問題應該和平解決，考慮到臺灣人民的利益。英國一再努力尋求和平解決臺灣問題，想把它提交聯合國討論及管轄，但當時「兩個中國」政府都反對這種方式。

一九七一年三月二日，中華人民共和國總理周恩來會見英國駐北京代辦譚森，提出中英全面建交互換大使的三點要求：一、撤銷英國在臺灣淡水的領事館；二、在聯合國大會上，英國不能既投票支持恢復中國席位的議案，又投票支持把中國代表權問題作為「重要問題」須經大會三分之二的多數通過，必須贊同中華人民共和國恢復聯合國合法席位；三、澄清英國過去鼓吹的所謂「臺灣法律地位未定」的論調以及製造「兩個中國」和「一中一臺」的任何謬論。英方願滿足中方前兩項條件，但對臺灣地位問題並未明確表態。一九七二年三月十三日，中英雙方經多輪反覆談判，對互換大使的《聯合公報》達成協議。在《聯合公報》中，「英國政府認知中國政府關於臺灣是中華人民共和國的一個省的立場」（The Government of the United Kingdom, acknowledging the position of the Chinese Government that Taiwan is a province of the People's Republic of China）這句話與《上海公報》的措詞類似。

二〇〇七年三月二十八日，聯合國祕書長潘基文宣稱，根據聯大第二七五八號決議，「聯合國視臺灣為中華人民共和國的一部分」。這是聯合國祕書長有史以來第一次援引第二七五八號決議聲稱「臺灣屬於中華人民共和國」。經過臺灣駐美代表與美國國務院溝通，國務院針對此事於六月二十六日向聯合國祕書處提出抗議，美國注意到聯合國大會於一九七一年十月二十五日通過的第二七五八號決議，事實上「並未確立臺灣係中華人民共和國之一省。該決議僅承認中華人民共和國之政府為在聯合國代表中國之唯一合法政府，並驅逐蔣介石之代表在聯合國及所有相關組織占據之席次。二七五八號決議並未提及中國主張對臺灣擁有主權。」美國還邀請日本、加拿大、英國及澳洲等大國共同向潘基文抗議他引喻失當，在美、英、日等國的強力介入下，潘基文終於在八月十五日正式道歉，澄清並保證以後不再引用第二七五八號決議來論斷臺灣主權。

這次英國政府又與美國政府一致堅拒中國霸凌行為，重申其對臺灣的一貫立場，值得臺灣人民感謝。

8 「八二三砲戰」六十週年，給臺灣什麼啟示呢？

二〇一八年八月二十三日是「八二三砲戰」六十週年，一九五八年八月二十三日，中國人民解放軍對金馬國軍發動突擊，發射砲彈幾萬發。砲戰初期，國軍猝不及防，傷亡慘重，但隨著戰事持續，美國八吋大口徑巨炮和AIM－9響尾蛇飛彈運抵，國軍反擊力量大增，粉碎了解放軍對金門的封鎖。十月初，解放軍宣布「單打雙停」，逐漸減少攻勢。不過，直到一九七九年一月一日，中國才結束對金馬的砲擊。

一九五八年春夏，毛澤東對內發動「大躍進」，主張「超英趕美」，造成巨大的內部統治危機。對外，他與蘇聯領導人赫魯雪夫爭奪共產世界領導權，輸出中國特色的無產階級革命（和習近平向全球輸出中國發展模式類似）。一九五八年四月，赫魯雪夫提議蘇美高峰會議，毛澤東對此非常不高興，他似乎認為，如果把臺灣海峽推向核戰邊緣，赫魯雪夫必須在蘇美「和平共處」與蘇中同盟之間做選擇。毛發動砲戰，企圖破壞蘇美「緩和」，轉移內部矛盾，提升中國人民革命熱情。但是，毛的所作所為卻激怒赫魯雪夫，引發蘇中關係進一步破裂。

「八二三砲戰」開始後，蔣介石一面下令國軍堅決抵抗，一面要求美國「一，確保臺灣海峽之安全，使臺澎對外島之海運得以暢通。二，穩定金門、馬祖局勢，阻止敵人瘋狂侵略行動」。九月四日，美國國務卿杜勒斯發表「新港聲明」，認為「中共進攻金馬，即為進攻臺澎的前奏」，威脅世界和平。總統艾森豪決定，如果危機升高，要對中國動用核武器，並下令第七艦隊協助補給金馬，突破解放軍封鎖。面對美國的核威脅，中國撤退，九月十五日，在美中大使級會談上，中國代表王炳南提出「如果國民黨軍隊願意主動地從這些島嶼撤走，中華人民共和國政府將不予追擊」。美國大使強調「美國對具有主權之盟友負有義務，今盟友領土遭受攻擊，美絕不能接受任何涉及讓棄盟友領土之解決方案」。美國大使主張中華民國是主權獨立國家，它的領土是臺澎金馬。

一九五八年十月二十一日，杜勒斯來臺灣與蔣介石磋商，蔣介石當面要求：「予我以原子重炮，毀滅其炮兵陣地。」兩人交談三日，在臺北發表歷史性《聯合公報》。在公報中，杜勒斯認定「金馬與臺澎防務有密切關聯」而承諾協防，警告中國不要挑釁；蔣介石則宣示「光復大陸主要武器為三民主義之實施，不憑藉武力為反攻復國之主要途逕」。杜勒斯認為只要美國立場堅定，中國會改變看法。果然，公報發表後的第三天，中國宣布對金門的狂轟濫炸將改為「單打雙停」。對此，毛澤東宣稱，他不攻占金馬，是不願切斷臺灣和大陸的牽連。其實，毛發動兩次臺海危機卻不敢真正攻打金馬，才是導致「兩個中國」長期共存的根本原因。

今天，臺灣紀念「八二三砲戰」六十週年，從中得到什麼啟示呢？首先，臺灣民眾應該認識到，中共對臺灣的文攻武嚇，常常是為了轉移內部矛盾。當年，毛澤東是為了破壞蘇美「緩和」，轉移「大躍進」帶來的矛盾。近年來，習近平「黃袍加身」，改變鄧小平「韜光養晦」的外交政策，視南海、東海為內海，利用「一帶一路」輸出中國發展模式。但是，中國發展模式以大量舉債為基礎，經濟國進民退，金融危機烽火連天。對此，臺灣必須時刻防備，中共以對臺動武來轉移內部矛盾。臺灣民眾必須認清，世界上只有中華人民共和國一個國家以消滅中華民國、剝奪臺灣人民自決權為基本國策。面對中國的威脅，臺灣只能堅持親美外交路線，堅定站在自由民主陣營一邊；不可能奉行「中立主義」，當騎牆派。

其次，「八二三砲戰」期間，臺灣軍民因為堅守陣地，頂住壓力，才贏得美國的尊敬和援助，導致中國「計窮力竭，破綻敗露，自動停火」。今天，臺灣經濟、科技與軍事綜合實力在全世界第二十名左右，地緣位置又如此重要，還有不斷進步的自由民主「銳實力」，臺灣民眾應有自信心，不必老是擔憂被美國拋棄。「自助者天助，自救者天救，自棄者天棄」，臺灣立場堅定，堅守核心價值，就會「得道多助」，贏得國際社會更多的同情和支援。

最後，紀念「八二三砲戰」，臺灣民眾必須認識到，臺海和平只能靠兩岸軍力平衡來維護，天底下沒有白吃的午餐！近年來，中國以年均百分之十的速度持續增加軍費，國防開支已超過臺灣國防開支的十五倍，完全打破兩岸軍力平衡。與此同時，臺灣只以年均百分之二的速度增加國防開支，國軍雖然正在發展新的作戰概念及不對稱作戰能力，但臺灣要在二〇一九年以前轉為全募兵制，使得有限的防衛資源更為緊縮，影響到武器採購、訓練及戰備資源。臺灣應該持續增加國防預算，強化自我防衛的決心和能力。

紀念「八二三砲戰」，臺灣必須正確認識和理解它的歷史意義，才能與中國建立起「新型鄰國關係」，實現兩岸永久和平。

9 臺灣如何應對美中「新冷戰」呢？

二〇一八年四月，我在「風傳媒」發表〈美中新冷戰，臺灣怎麼辦？〉一文，指出美國與中華人民共和國之間的政治競爭正在發展成為「新冷戰」，川普總統改變了《上海公報》發表四十六年來，美國對華政策的出發點和基本態勢。對此，臺灣應該堅持親美外交路線，站在自由民主陣營一邊，不能奉行「中立主義」，當騎牆派。該文發表後，一些讀者質疑美中關係已發展為「新冷戰」的判斷，又認為臺灣可以保持「中立」，不成為美國的棋子。十月四日，美國副總統彭斯在哈德遜研究所就中國政策發表演說，徹底打破了這些讀者的僥倖心理。今天，臺灣政治人物如果還在鼓吹什麼「中立化」，投機取巧，兩邊討好，那就由天真變為愚蠢了。他們忘記了中國憲法和中共黨章白紙黑字寫著「解放臺灣，統一中國」。不是臺灣要選邊站，而是中共逼你選邊站。

彭斯的講話用一系列事實指控中國實行掠奪性的經濟做法和採取咄咄逼人的軍事態勢，破壞現存國際秩序。彭斯指出：「美國曾希望經濟自由化將讓中國與我們和世界建立起更好的夥伴關係。相反地，中國選擇了經濟侵略，而這又壯大了中國不斷擴大的軍隊的膽量。」彭斯向中共發出的訊息是：「雖然我們希望改善與北京的關係，但我們將繼續堅定地捍衛我們的安全和我們的經濟。本屆行政當局將繼續採取果斷行動，保護美國的利益、美國的就業和美國的安全。」他強調美中關係應建立在「公平、對等」的基礎之上。彭斯的演講清楚地表明，美國對華政策在重新評估後，行政當局和國會兩黨對中國的態度已趨一致。這篇演講和七十一年前英國首相丘吉爾的「鐵幕演說」類似，是一篇美國與中國進行存亡之爭並認定美國會贏的「新冷戰宣言」。

那麼，面對美中「新冷戰」的國際關係大趨勢，臺灣要如何應對呢？首先，臺灣政府和人民必須認清，這場「新冷戰」既是新舊兩強的爭霸之戰，也是美中之間意識形態和價值觀之爭。不理解前者，就無法準備這場戰爭的激烈程度；不理解後者，就無法認識它的全面性和持久性。在此「新冷戰」中，臺灣別無選擇，只能堅持親美外交路線，堅定站在自由民主陣營一邊，因為世界上只有中華人民共和國一個國家威脅使用武力來剝奪臺灣人民自決權和摧毀臺灣的自由民主體制。

但是，如同韓戰救了臺灣，這場「新冷戰」也給臺灣帶來新機會，關鍵在於臺灣政府和人民如何審時度勢，主動與美國協力合作。例如，最新的「美加墨協定」規定，美、加、墨三國若與「非市場經濟」成員展開貿易談判，需提前三個月知會；若加、墨其中一方與非市場經濟國家達成協議，美國都能撕毀與加、墨的協議。美國還要求日、歐在貿易協定中簽署同樣的條款。本質上，美國正在改寫世貿規則、建構孤立中國的國際統一戰線，臺灣政府應該立即加入這個統一戰線，尋求與美國簽署雙邊自由貿易協定，而不要犯李登輝政府在一九九〇、一九九一年犯下的錯誤！六四天安門事件後，李登輝縱容臺商搶先去中國投資和貿易，打破國際制裁中國的統一戰線，養虎貽患。

美中貿易摩擦的不斷升溫導致中國債務問題日益嚴重，資本市場和民眾對未來預期惡化，內需市場萎縮，經濟動能下降，而臺灣金融業對中國的直接和間接風險敞口超過千億美元。臺灣政府應當加強審查金融業持有的中國信貸敞口，高度重視中國企業的貸款違約風險，協助金融業減少對中國的信貸業務。同時，臺灣應該立即推出一系列優惠政策和措施，吸引臺商回流，協助美商和臺商調整全球產業鏈，減少對中國生產線的依賴。

其次，臺灣政府和人民要有「新冷戰」長期持續並日益激烈的國防準備。臺灣必須時刻警惕中共以對臺動武來轉移內部矛盾。臺海和平只能靠兩岸軍力平衡來維護，天底下沒有白吃的午餐！近年來，中國以年均百分之十的速度持續增加軍費，國防開支已超過臺灣國防開支的十五倍，完全打破兩岸軍力平衡。與此同時，臺灣只以年均百分之二的速度增加國防開支，國軍雖然正在發展新的作戰概念及不對稱作戰能力，但臺灣要在二〇一九年前轉為全募兵制，使得有限的防衛資源更為緊縮，影響到武器採購、訓練及戰備資源。臺灣應該持續增加國防預算，強化自我防衛的決心和能力。

再者，「新冷戰」和「舊冷戰」一樣，是一場全方位的戰爭。中國正以脅迫性的方式干涉臺灣的國內政治，影響臺灣公眾輿論和政黨政治。中國利用其經濟槓桿力和巨大市場的誘惑力，脅迫臺商企業、藝文界、學術界、媒體以影響臺灣內政。中國統戰部門精準出擊，分化臺灣內部不同的群體，改變臺灣人對中國的看法，其目的是要摧毀臺灣的自由民主體制和臺灣人的獨立意志。臺灣政府應該效仿美國，領導臺灣人民形成新的抗共共識，抵抗中國滲透。例如，政府應該果斷行動，鼓勵臺商抵制中國的「臺灣居民居住證」；幫助媒體報導中國干涉臺灣內政的真相；支持學者和藝文人士捍衛創作自由，拒絕中國政府的「統戰錢」。

認清美中「新冷戰」大趨勢後，臺灣政府和人民要強化自由民主體制和「威懾性」國防體系。臺灣的經濟、科技與軍事綜合實力在全世界第二十名左右，地緣位置重要，還有不斷進步的「銳實力」，臺灣民眾應有自信心，不必老是擔憂成為美國的棋子。「自助者天助，自救者天救，自棄者天棄」，臺灣立場堅定，堅守核心價值，就會「得道多助」，贏得國際社會更多的同情和支援。只有如此，臺灣才能在「公平、對等」基礎上與中國建立「新型鄰國關係」，實現兩岸永久和平。

10 誰能出賣臺灣？

最近，臺北市長柯文哲接受《彭博》專訪時表示：「在美國和中國的對抗之間，Taiwan is only a product on the shelf（臺灣不過是架上的商品），對自己要有清楚的認識。」臺灣必須設法提升自己的價值。他指出，美中對抗是未來十五年的世界局勢，所以沒有兩岸關係，只有美中對抗之下的臺灣議題。當被問及川普會不會出賣臺灣時，他毫不遲疑地回答：「Of course」（當然）。

二〇一八年四月，總統蔡英文在談及國際情勢時表示，臺灣二千三百萬人口不算少，在經濟、國防方面也有相當實力；當有人說臺灣是別人的棋子時，不要忘了，「我們自己也是棋手」，可順勢操作。在國慶演講中，蔡英文又說：「我不會因一時的激憤，走向衝突對抗，而讓兩岸關係陷入險境。我也不會背離民意，犧牲臺灣的主權。」蔡英文與柯文哲對臺灣的定位針鋒相對，爭議的本質為是否主張「中華民國臺灣」是一個主權獨立國家，所以只有二千三百萬臺灣人民能決定臺灣前途。

「中華民國臺灣」是在冷戰的大背景下，經由幾代臺灣領導人和臺灣人民，與中華人民共和國、美國角力和妥協而形塑的。蔣介石晚年以來，臺灣七位總統的國家定位和國家戰略並無太大差異，就是「獨立自保」，在堅持臺灣事實獨立基礎上，推進「中華民國臺灣化」。馬英九總統在其執政期間，曾不斷強調「臺灣前途由二千三百萬人決定」，而蔡英文也明確主張「中華民國臺灣」主權獨立。可見，馬英九和蔡英文都不認為臺灣是商品，可以容忍美中兩國任意討價還價和買賣。當國家領導人的，誰不主張為自己的國家奮鬥呢？如果你不認為臺灣是主權獨立的國家，而是任人宰割的「商品」，恐怕就不配當總統了吧？

二〇一六年十二月十一日，美國總統當選人川普在電視訪談中提到與蔡英文通電話，他宣稱，「我完全了解『一個中國』的政策，但是，如果我們不能跟中國在其他問題，包括貿易問題上達成協議，我不明白我們為什麼還要受縛於『一個中國』政策。」川普總統在二〇一七年十二月發表國家安全戰略，形容一個「強權競賽」新時代的到來。中國正在「挑戰美國的地緣政治優勢，試圖改變國際秩序，以符合自身利益」。因此，川普明確表達，美國已對中國採取新的政策，以尋求基於「公平、對等與尊重主權」等原則的美中新關係。最近，美國副總統彭斯說，儘管川普政府將持續遵守三個《聯合公報》和《臺灣關係法》所反映的一個中國政策，但美國始終相信，臺灣對民主的擁抱為所有華人展示了一條更好的道路。斷交四十年後，美臺關係確實應受到川普的檢視，其結果會影響到臺灣的利益，可能有利有弊。但川普和習近平都無法出賣臺灣，因為美國不擁有臺灣主權，中華人民共和國也不擁有臺灣主權，只有二千三百萬臺灣人民才擁有臺灣主權，能出賣臺灣的只能是臺灣領導人或想當領導人的人吧。

臺灣的經濟、科技與軍事綜合實力在全世界第二十名左右，地緣位置重要，還有不斷進步的「銳實力」，臺灣民眾應有自信心，不必老是擔憂成為美中對抗的「商品」或「棋子」。「自助者天助，自救者天救，自棄者天棄」，臺灣人民如果立場堅定，堅守自由民主核心價值，就會「得道多助」，說服國際社會承認和尊重臺灣主權獨立。今天，在美中「新冷戰」格局中，臺灣別無選擇，只能堅持親美外交路線，堅定站在自由民主陣營一邊，因為世界上只有中華人民共和國一個國家威脅使用武力來剝奪臺灣人民自決權。臺灣應該致力於與中國建立「公平、對等與互相尊重主權」的新型鄰國關係，但臺灣政治人物如果還在鼓吹什麼「中立化」或「兩岸一家親」，投機取巧，兩邊討好，那就由天真變為愚蠢了。

長期以來，臺灣內部對國家定位有不同聲音，歷任總統對中華民國、臺灣如何表述，都有一套說法。李登輝總統提出「中華民國在臺灣」時，還主張兩岸是「特殊的國與國關係」；陳水扁總統提出「中華民國是臺灣」，主張兩岸「一邊一國」；馬英九則說「臺灣是我的家園，中華民國是我們的國家」，堅持「一中各表」。但是，臺灣如果要和中國進行建設性對話，必須先設法凝聚內部共識，才能團結對外。那麼，蔡英文與柯文哲的共識是什麼呢？也許在「臺灣必須設法提升自己的價值」這點上，柯文哲與蔡英文觀點類似。蔡英文在國慶演講中也強調，「捍衛臺灣的最佳方案，就是要讓臺灣在世界上變得不可或缺，也不可取代」。不過，對蔡英文提出的「中華民國（臺灣）是現狀，是現階段最大公約數，也是臺灣人民團結的基礎。」柯文哲接受嗎？還是他會說，自己選市長，所以對國家定位沒想法呢？

11 民進黨如何建構「中華民國臺灣」認同理論呢？

九合一選舉，民進黨大敗。除了蔡英文總統辭去民進黨主席一職，行政院長賴清德及總統府祕書長陳菊也分別請辭。為敗選負責是責任政治的基本原則，民進黨對人事的調整是必要的；對於民意的展現，民進黨也需要在政策和政策執行方面深入檢討。但是，當務之急，民進黨更需要的是經過全黨深入討論，重新建構「中華民國臺灣」認同的基本理論，並且不遺餘力地向二千三百萬臺灣人民解釋、宣傳，使之成為深入人心的全民共識。

劉仲敬寫於二〇一五年四月的〈臺灣之命運〉，曾警告剛贏得二〇一四年九合一選舉的民進黨，如果「在自我定位上達不成共識，試圖用曖昧的語言遊戲敷衍人民，失去了引導第三勢力和民間團體的道德威望，將導致臺灣政治生態香港化」。他強調，「臺灣的政黨政治仍然屬於塑造共同體的生死鬥爭，不是共同體內部的俱樂部鬥爭。在成熟共同體的共識政治中，根本問題是政策。在塑造共同體的鬥爭時期，根本問題是認同。大黨的義務就是將路線和方向放在具體利益之上，否則很快就會喪失引導國民的資格，淪為仰人鼻息的分贓小團體」。可惜的是，臺灣政黨輪替近二十年來，民進黨一直沒能提出一套與時俱進、可以贏得絕大多數人民認同的「中華民國臺灣」的定位理念和論述。

民進黨於一九九一年十月第五屆全代會上通過的「臺獨黨綱」，揭示該黨追求通過公民投票，讓臺灣成為正常國家的理念，這一理念曾經深入人心。民進黨當時主張「臺灣主權獨立、不屬於中華人民共和國，且臺灣主權不及於中國大陸，既是歷史事實，又是現實狀態，同時也是國際社會之共識。臺灣本應就此主權獨立之事實制憲建國」。尤其是，「臺獨黨綱」提出「以臺灣社會共同體為基礎……基於國民主權原理，建立主權獨立自主的臺灣共和國及制定新憲法的主張，應交由臺灣全體住民以公民投票方式選擇決定」。

民進黨的「臺獨黨綱」在該黨更多地參選各地公職、參與國家事務之後，至一九九〇年代末，已與環境不能相適應，特別是一九九九年民進黨將提名中華民國總統參選人。為使各界及美國、中國不致以為該黨將強行推動臺灣獨立，民進黨於一九九九年五月的第八次全代會中，做成《臺灣前途決議文》。該文對中華民國憲政體制的正當性做了有條件的承認，提出「臺灣，固然依目前憲法稱為中華民國，但與中華人民共和國互不隸屬，任何有關獨立現狀的更動，都必須經由臺灣全體住民以公民投票的方式決定。」這一決議文實質上放棄了「臺獨黨綱」原有的以公投制憲建立新國家的主張，而改為獨立現狀的更動，必須經公投決定。從此，民進黨已不再追求「公投建國」，而改為「公投保國」，保的是「中華民國臺灣的獨立現狀」。

二〇〇七年九月三十日，民進黨第十二屆全代會進一步提出《正常國家決議文》，主張「積極推動正名、制憲、加入聯合國、落實轉型正義與建立臺灣主體性等作為，以實現臺灣為正常國家」。這一「正名制憲」的主張在「公投建國」與「公投保國」之間搖擺不定。二〇一四年七月，在民進黨第十六屆全代會上，黨主席蔡英文將凍結「臺獨黨綱」的提案送中執會討論，至今不了了之。

過去幾年來，蔡英文一直企圖以「維持現狀」來應對國民黨的「九二共識，一中各表」或柯文哲的「兩岸一家親」，但這種「試圖用曖昧的語言遊戲敷衍人民」的做法無法塑造臺灣共同體的全民共識，喪失引導人民的話語權。蔡英文的行事風格委屈求全，要把衝擊降到最低，可是，如此重大的議題拖這麼多年不處理、不決策，同時失去了同盟者和支持者。用劉仲敬的話就是「失敗的國民黨人揚言，民進黨一旦上臺，就會像他們一樣曖昧。如果民進黨應驗了他們的預言，使選民覺得他們只是一個褪色版的國民黨，就會發生對民進黨和臺灣都是最危險的前景」，即失去了引導第三勢力和民間團體的道德威望。

所以，無論是檢討九合一選舉的失敗，還是部署二〇二〇年大選，甚至爭取長期執政，民進黨都必須立即提出一套與時俱進的「中華民國臺灣」認同理論。那麼，這一認同理論應有哪些要素呢？

首先，民進黨應該主張「中華民國臺灣」自一九五〇年意外生存以來，一直是個主權獨立的國家，從來不是中華人民共和國的一部分，民進黨要領導二千三百萬人民保衛臺灣的主權獨立和自由民主的生活方式。民進黨應該公開宣稱不再追求通過公投制憲來建立新國家，而是追求以修憲修法和外交來實現國家正常化，贏得與所有聯合國會員國平等的國際地位。

一九九一年的「臺獨黨綱」已完成了它的歷史任務，「中華民國臺灣化」在憲政體制上已大體完成，國歌、國旗甚至國名都可以依修憲程序去逐漸處理。民進黨作為一個和平演變的推動者和執政黨，應該推動「中華民國臺灣」的國族認同，而不鼓吹反殖去中國化，不鼓吹臺灣共和國要從中華民國獨立出來的說法。這種說法人為地切割臺灣近七十年來的歷史，人為地製造臺灣內部二千三百萬人民的國族認同衝突，既不可能成為全民共識，也不可能得到國際認同。這次「東奧正名」公投的失敗，說明多數臺灣人在國際壓力下，不願冒可能影響運動員參賽權益的風險。陳水扁時期的入聯公投失敗也是類似情況。當前，在國際現實情況下，要多數臺灣人冒著戰爭風險和內部撕裂的危機，來贊同「獨立公投」是不可能的，也無法解決國族認同的困難。

其次，民進黨應該明確主張「中華民國臺灣」與「中華人民共和國」之間「特殊的國與國關係」，追求在「和平共處五項原則」基礎上的睦鄰友好關係。民進黨要學習「解放思想，實事求是，與時俱進」，在「互相尊重主權和領土完整、互不侵犯、互不干涉內政、平等互利、和平共處五項原則」基礎上，推動與中華人民共和國睦鄰友好，成就兩岸永久和平。「維持現狀」只能是權宜之計，「睦鄰友好」才是臺灣人民和民進黨的願景。「有夢最美，希望相隨」，民進黨既要向人民解釋現行政策，又要能提出兩岸關係的奮鬥目標。

最後，民進黨應該堅持親美外交路線，而且要將此作為基本國策向臺灣人民反覆解釋和宣傳。中華民國外交的核心目標是維護臺灣安全，一九八五年十月，蔣經國接見美國訪客時強調：「我們有兩個基本立場，對外來說我們永遠與美國站在一起，對內我們堅持貫徹民主憲政，這兩個基本原則，我們絕不改變。」蔣經國設定的這個基本國策到了今天對臺灣仍然適用。美國與中華人民共和國之間的政治競爭正在發展成為「新冷戰」，對此，民進黨應該堅持親美外交路線，站在自由民主陣營一邊，不能奉行「中立主義」，當騎牆派。親美外交路線與追求臺、中長遠的睦鄰關係是不矛盾的，堅實的臺美關係才是臺灣安全的保障，也是改善兩岸關係的必要條件，但不是充分條件。有了堅實的臺美關係，臺灣才有與中華人民共和國談判的力量和信心。

「中華民國臺灣」是在冷戰的大背景下，經由幾代領導人和臺灣人民，與中美角力和妥協而形塑的。蔣介石晚年以來，臺灣七位總統的國家定位和國家戰略並沒有太大差異，就是「獨立自保」，在堅持臺灣事實獨立基礎上，推進「中華民國臺灣化」和國家正常化。民進黨在批評「九二共識，一中各表」或「兩岸一家親」的同時，必須盡快提出新的「中華民國臺灣」認同理論和兩岸政策論述，並將其廣為宣傳，力求家喻戶曉，成為國人普遍接受的共識。

12 如何達成民進黨與國民黨的「國家認同共識」？

二〇一九年一月二日，中共總書記習近平在「告臺灣同胞書四十年」紀念談話中，提出「一中原則」新三段論：世界上只有一個中國，臺灣是中國的一部分，「和平統一、一國兩制」是實現國家統一的最佳方式，不承諾放棄使用武力。對此，蔡英文總統當天重申，臺灣絕不會接受「一國兩制」，絕大多數臺灣民意也堅決反對「一國兩制」，而這也是「臺灣共識」。國民黨在一月三日下午正式聲明，依照《中華民國憲法》的規定，中華民國是一個主權獨立的國家。習近平所提的「一國兩制的臺灣方案」並非「九二共識」的內涵，目前兩岸處於「分治」的狀態，現階段「一國兩制」恐難獲得臺灣多數民意的支持。

蔡英文和國民黨的聲明都反對習近平的「一國兩制」，因為在「一國兩制」之下，習近平既要消滅中華民國，也要消滅臺灣的主體性，民進黨和國民黨唇亡齒寒，相依為命。那麼，這兩黨能不能進一步對國家認同達成共識呢？這是可能的，但是需要兩黨領導人心平氣和地坐下來對話，求同存異，突破各自意識形態的歷史包袱。

民、國兩黨要頂住習近平的「一中原則」新三段論壓力，就要回應臺灣多數民意，找到國家認同的最大公約數。國家認同共識是臺灣自由民主體制永續生存的前提，建議民、國兩黨對國家認同的下述三段論好好討論，達成共識：「中華民國臺灣是一個主權獨立的國家，臺灣從來都不是中華人民共和國的一部分，臺灣願意與中國和平共處，睦鄰友好。」

近來，蔡英文在公開談話中多次提及「中華民國臺灣是一個主權獨立的國家」，但她沒有對其內涵做充分闡述。民進黨要突破意識形態的歷史包袱，其關鍵是接受「中華民國臺灣」是一九五〇年三月蔣介石出任總統後建立的新國家，它因為冷戰而意外生存，從來不是中華人民共和國的一部分。民進黨要接受「中華民國臺灣」是蔣介石創立的這一歷史事實，不再人為切割臺灣近六十九年來的歷史，不再主張臺灣從中華民國獨立，不再鼓吹反殖去中國化。民進黨作為「中華民國臺灣化」的推動者和執政黨，應該公開放棄公投制憲建國主張，修改「臺獨黨綱」，國歌、國旗甚至國名可以依修憲修法程序去逐漸處理。民進黨致力於推動「中華民國臺灣」的國家認同，通過和平外交來贏得中華民國臺灣在國際社會中的平等地位。

國民黨可以繼續主張「中華民國是一個主權獨立的國家」，但是也應該突破意識形態的歷史包袱，公開承認「中華民國臺灣」是一九五〇年三月蔣介石建立的新國家，中華民國的領土只有臺澎金馬，國民只有二千三百萬臺灣人民，中華民國對臺灣的主權是基於住民自決而不是毫無國際法約束力的《開羅宣言》。國民黨不該再脫離現實地聲稱大陸是中華民國的一部分，這同主張外蒙古是中華民國「固有之疆域」一樣可笑。國民黨作為「中華民國臺灣化」的推動者和輪替執政黨，應該公開放棄「三民主義統一中國」的主張，致力於「中華民國臺灣」的「獨立自保」和國家認同。

「臺灣從來不是中華人民共和國的一部分」是一個不證自明的歷史事實，美國對此問題的立場在這六十九年來也從未改變過。聯大第二七五八號決議是一九七一年十月二十五日第二十六屆聯大通過的關於「恢復中華人民共和國在聯合國組織中的合法權利問題」的決議，二七五八號決議全文並未提及中華民國或臺灣，只是決定「立即把蔣介石的代表……驅逐出去」。四十七年來，美國和日本、加拿大、英國及澳洲等大國一直主張「第二七五八號決議事實上並未確立臺灣係中華人民共和國之一省」。美國雖然「認知」中國的主張，但堅持此主張「並非包括美國在內之聯合國會員國普遍接受之主張」。二〇〇七年二月，聯合國祕書長潘基文曾宣稱根據二七五八號決議，「聯合國視臺灣為中華人民共和國的一部分」，當時，美國邀請日本、加拿大、英國、澳洲等大國共同向潘基文抗議他引喻失當，在美國的強力介入下，潘基文於八月十五日正式道歉，澄清並保證以後不再引用二七五八號決議來論斷臺灣主權及代表權。

「臺灣願意與中國和平共處，睦鄰友好」的主張符合臺灣民意，民進黨和國民黨應該追求與中華人民共和國建立「不衝突不對抗、相互尊重、合作共贏」的「新型鄰國關係」，在「和平共處五項原則」基礎上，實現臺灣與中國之間友好的鄰國關係，成就兩岸永久和平。

「中華民國臺灣是一個主權獨立的國家，臺灣從來不是中華人民共和國的一部分，臺灣願意與中國和平共處，睦鄰友好。」這個三段論很重要，是全臺人民的「最大公約數」，可以成為民進黨和國民黨國家認同的共識，蔡英文總統應該天天講、月月講、年年講，讓它在臺灣和國際社會上深入人心。

13 蔡總統為什麼說「中華民國臺灣」有七十年歷史？

二〇二〇年五月二十日，蔡英文總統在就職演講中提到四次「中華民國」，四十六次「臺灣」，但只有一次用到「中華民國臺灣」。她說：「過去七十年來，中華民國臺灣，在一次又一次的挑戰中，越發堅韌團結。我們抵抗過侵略併吞的壓力、走出獨裁體制的幽谷，也一度走在被世界孤立的曠野之中，但無論什麼樣的挑戰，民主自由的價值，一直是我們的堅持。」她這句話，追溯了「中華民國臺灣」「過去七十年來」的歷史，突破了民進黨的意識形態包袱，接受「『中華民國臺灣』是一九五〇年三月蔣介石建立的新國家」這一歷史事實。

這幾年，蔡總統提出的「中華民國臺灣」概念，逐漸成為臺灣的國家認同共識。不過，民進黨忙於選舉和執政，沒有對「中華民國臺灣」的歷史脈絡做很好的研究和闡述。其實，推動「中華民國臺灣」的國家認同，無法經由鼓吹臺灣從「中華民國」獨立來完成。人為地切割臺灣過去七十年的歷史，不可能達到全民共識，從而破解國家認同的困境。蔣介石是個軍事獨裁者，對內實行威權統治，對外抗共保臺。臺灣深化民主體制，堅持自由、民主、人權、法治的價值觀，就應該完成轉型正義，「走出獨裁體制的幽谷」。但是，追究蔣介石對內侵犯人權的歷史責任，不應該完全否認他抗共保臺的歷史功蹟。一九五〇年以來，臺灣領導人和臺灣人民，通過「中華民國臺灣化」來對抗中華人民共和國的「侵略併吞的壓力」，就是臺灣現代史的主軸。

一九五〇年三月一日，是改變臺灣命運的一天。內戰大敗而撤退臺灣的國軍殘餘，支持已經引退的前總統蔣介石，不顧《中華民國憲法》程序，自行宣布「復行視事」，重新行使總統職權。此事本質上是蔣介石通過軍事政變，借助「中華民國」這一「空殼公司」，為自己對臺灣的實際控制增加合法性。一九五〇年三月十三日，蔣介石在演講「復職的使命與目的」時說：「我自去年一月下野後，到年底止，為時不滿一年，大陸各省已經全部淪陷，今天我們實已到了亡國的境地了……我們的中華民國到去年年終就隨大陸淪陷而已經滅亡了。我們今天已成了亡國之民，而還不自覺，豈不可痛。」可見，蔣介石認為，他在臺灣建立的新國家，目的是要恢復那個在一九四九年底已經滅亡的中華民國。借殼「中華民國」，只是為了與中共政權爭奪法統，爭奪聯合國代表權，和爭奪對臺灣統治的合法性。此後，「中華民國臺灣」的國家正常化，不是通過公投制憲或住民革命，而是通過「舊瓶裝新酒」（或叫「股東改選董事會」）的和平演變來實現的。「中華民國臺灣」自一九五〇年三月「借殼上市」以來，實質上主權獨立，意外生存，從來不是中華人民共和國的一部分。

「中華民國臺灣」是在冷戰大背景下，經由幾代領導人和臺灣人民，與中美角力而形塑的。「復行視事」後的二十多年，蔣介石雖然沒有放棄「反攻復國」的夢想，但他最堅持的還是「中華民國臺灣」的「獨立自保」。所謂「反攻復國」，是恢復已經滅亡的「中華民國」，所謂「獨立自保」，是保衛已經「借殼上市」的「中華民國臺灣」，這兩個「中華民國」的差別，蔣介石心中是很清楚的。一九五〇年十月十四日，面對聯合國的代表權危機，蔣介石寫道：「甲，如何確保臺灣復興基地，使之鞏固不搖。乙，如何使中共不能參加聯合國，以保持我政府代表權，不退出聯合國。丙，如甲、乙二者不能兼顧，則以確保臺灣基地為第一。與其為保持聯合國會員名義，而使臺灣被攻，不能安定，則寧放棄會員之虛名，暫時退出國際社會，雖在國際上失去地位而力求自立自主，確保臺灣主權，實為利多而害少。」這段話，其實點出此後幾十年中華民國臺灣外交政策的核心，即如果在國際社會中代表中國與確保臺灣主權不能兼顧時，應該棄名保臺，自立自主，「走在被世界孤立的曠野之中」。

民進黨和國民黨都要突破意識形態的歷史包袱，接受「中華民國臺灣」是一九五〇年三月蔣介石建立的新國家這一歷史事實，才能達成「中華民國臺灣」國家認同的共識。特別是，國民黨應該公開承認「中華民國臺灣」領土只有臺澎金馬，國民只有二千三百萬臺灣人民，不再脫離現實地宣稱大陸是中華民國的一部分，這同主張外蒙古是中華民國「固有之疆域」一樣可笑。

蔡英文總統在就職演講中說：「七十年來，臺灣可以度過一次又一次的挑戰……，我們是一個在驚濤駭浪中走過來的國家。我們二千三百萬人，是生死與共的命運共同體。過去是這樣，現在是這樣，未來也是這樣。」蔡總統的這段話說的真好，有過去七十年歷史的這個國家，就是二千三百萬人的命運共同體。

14 從「國統綱領」到「兩國論」，李登輝如何重新定位兩岸關係？

一九八〇年代末，李登輝總統主政初期，他放棄蔣經國的「不接觸，不談判，不妥協」的政策，務實地推動以「對等地位」為原則的兩岸交流。為了與中共當局所定義的「一個中國原則」對抗，李登輝在其主政期間陸續提出「一國兩區」（一九九〇年），「分裂中國，兩個對等政治實體」（一九九二年），「一個中國指向的階段性兩個中國」（一九九三年），「一個分治中國」（一九九七年）與「特殊的國與國關係」（一九九九年）等主張。所有這些主張在堅持中華民國主權獨立基礎上，強調兩岸關係的「對等性」。不過，中共對所有這些主張通通反對。

李登輝出任總統後，開始透過各種管道，與中共當局就兩岸關係進行非正式談判。

一九九〇年十月七日，李登輝邀集朝野各界成立國家統一委員會（簡稱國統會），研商制定《國家統一綱領》，隔年三月十四日在行政院獲得通過。《國家統一綱領》是國民黨主流派與非主流派妥協的結果。一九九二年八月一日，在李登輝主持下，國統會通過「一個中國」的涵義：「一、海峽兩岸均堅持『一個中國』之原則，但雙方所賦予之涵義有所不同。中共當局認為『一個中國』即為『中華人民共和國』，將來統一以後，臺灣將成為其轄下的一個『特別行政區』。臺灣方面則認為『一個中國』應指一九一二年成立迄今之中華民國，其主權及於整個中國，但目前之治權，則僅及於臺澎金馬。臺灣固為中國之一部分，但大陸亦為中國之一部分。二、民國三十八年起，中國處於暫時分裂之狀態，由兩個政治實體分治海峽兩岸，乃為客觀之事實，任何謀求統一之主張，不能忽視此一事實之存在。三、中華民國政府為求民族之發展、國家之富強與人民之福祉，已訂定『國家統一綱領』，積極謀取共識；深盼雙方均以務實的態度捐棄成見，共同合作，為建立自由、民主、均富的一個中國而貢獻智慧與力量。」國統會這種表述將「分裂中國，兩個對等政治實體」的說法法律化。

李登輝當時以「兩個對等政治實體」來定位兩岸關係，目的是擱置主權爭議，營造更寬廣的兩岸互動空間。但是中國海協會針對國統會此決議，於一九九二年八月二十七日明確表示：「我會不同意臺灣有關方面對一個中國涵義的理解。我們主張『和平統一、一國兩制』，反對『兩個中國、一中一臺、兩個對等政治實體』的立場是一貫的。」中共當局不願讓步、不允許有模糊的空間。

一九九二年十月二十六至三十日，臺灣海基會與中國海協會在香港進行工作性會談，一直到十二月中，在海協會的堅持下，雙方對「一個中國之原則」反覆交換意見，始終沒有討論出雙方都能接受的口頭或書面協議。兩會對「一個中國」的具體內容毫無共識，中共當局也不接受海基會於一九九五年提出的「一個中國，各自表述」的說法，但海協會卻在一九九七年五月單方面宣稱兩會於一九九二年達成了「海峽兩岸均堅持一個中國之原則」的共識。

李登輝經過多年與中共當局談判後發現，中共在談判開始就堅持設定對己有利的「一個中國原則」，此原則一旦設定，談判結論就不出其掌握。中共當局單方面定義的「一個中國原則」是著名的三段論：「世界上只有一個中國，中華人民共和國政府是全中國的唯一合法政府，臺灣是中華人民共和國神聖領土的一部分」。根據這一原則，中共當局根本不承認中華民國的合法性和主權獨立，封殺臺灣的國際生存空間。兩岸經過多年談判，中共當局完全不接受李登輝以「分裂中國，兩個對等政治實體」來定位兩岸關係。

一九九三年十一月二十日，在美國西雅圖舉行的亞太經合組織（APEC）的記者會上，中國國家主席江澤民強調：「一個中國，臺灣是其一省，那一個中國就是中華人民共和國。」對此說法，中華民國總統特使江丙坤回應，臺灣「在將來『一個中國』為指向的目標下，採取階段性的兩個中國政策」。事前臺灣外交部曾給江丙坤指示：「中華民國自一九一二年肇建即為一主權獨立之國家，而中華人民共和國成立於一九四九年亦自稱為主權國家，據此，國際間顯已存在各擁有不同數目的外交關係且互不隸屬之兩個主權國家，故中華民國及中華人民共和國實為一個中國（歷史或地理之含意）下互不隸屬的兩個主權國家，乃不容任何人否認或能予無視之事實。」臺灣外交部進而強調：「中華民國與中華人民共和國為『中國』（歷史或地理）境內互不隸屬之主權國家，在統一條件成熟前，我政府目前所採者可謂以將來『一個中國』為指向之階段性之兩個中國政策。」可見，在一九九九年七月李登輝提出「特殊的國與國關係論」之前，中華民國外交部早在一九九三年十一月就明確提出中華民國與中華人民共和國為「互不隸屬之兩個主權國家」。中國國臺辦立刻反對江丙坤這種「以兩德模式為例的分裂國家理論」。

一九九五年六月十日，不顧中共反對，李登輝於母校康乃爾大學發表題為《民之所欲，長在我心》的演講，這篇講稿強調中華民國主權獨立與臺灣民主化經驗，突顯臺灣的價值觀。李登輝成為中華民國第一位訪問美國的現任國家元首，他的演講透過國際媒體的傳播，將臺灣的主張推向全世界。

一九九五年七月至一九九六年三月，中共當局發動臺海危機，不斷文攻武嚇，但李登輝仍然高票當選中華民國首任直選總統。在臺、中、美三方檯面下的一連串外交溝通後，一九九六年五月二十日，李登輝在就職演說中特別澄清自己的立場不是臺獨：「中華民國本來就是一個主權國家。海峽兩岸沒有民族與文化認同問題，有的只是制度與生活方式之爭。在這裡，我們根本沒有必要，也不可能採取所謂『臺獨』的路線。」在這篇演講中，他重申「追求國家統一的歷史大業」。他表示願意訪問中國，從事和平之旅。中國副總理錢其琛第二天公開回應：「對臺灣當局，我們現在是聽其言，觀其行。」

一九九七年七月二十一日，李登輝公開呼籲中共務實面對「一個分治中國」的事實，但中共當局採取強硬的手腕，轉而迫使美國對臺施壓。一九九八年六月三十日，美國總統柯林頓在上海宣布「新三不」政策，即「不支持『兩個中國』或『一中一臺』、不支持臺灣獨立、不支持臺灣加入具有國家主權性質的國際組織」。柯林頓向北京讓步，對臺灣造成相當大的壓力，因此，李登輝於一九九八年八月在國安會下成立「強化中華民國主權國家地位」小組，研究突破中美聯手限制中華民國國際地位的方法。李登輝召集林碧炤、張榮豐、蔡英文、陳必照、許宗力等多位法政學者參與研究。一九九九年五月，該小組提議以「特殊的國與國關係」為兩岸關係定位。

一九九八年十月十四日，海基會董事長辜振甫間隔五年後再次會見海協會會長汪道涵，辜振甫指出「『一個分治的中國，既是歷史事實，更是政治現實』，批評「大陸方面不肯尊重現實也不肯放棄對臺灣使用武力，而且在國際上設法阻斷我方的活動空間。這種以假設中華民國在國際上已經不存在的做法，只有加激臺灣人民的反感，完全無助於兩岸關係的改善」。汪道涵則堅決反對辜振甫「一個分治中國」的說法，再次提出「臺灣的政治地位應該在『一個中國』的前提下進行討論」。

辜振甫訪問北京後，安排汪道涵於一九九九年十月回訪臺北。但是，李登輝發現江澤民打算在一九九九年十月一日中華人民共和國建國五十週年的國慶日，當著多位外國領袖的面前宣布，汪道涵訪臺時，兩岸將在「一個中國原則」下展開政治談判。李登輝為了阻止江澤民做此片面宣告，於七月九日在接受「德國之聲」專訪時，匆忙提出兩岸關係定位是「特殊的國與國關係」，目的是「為了奠定兩岸對等的基礎」。

在專訪裡，李登輝對「北京政府視臺灣為叛離的一省」提問加以反駁，詳細說明兩岸關係定位至少是特殊的國與國關係：「歷史的事實是，一九四九年中共成立以後，從未統治過中華民國所轄的臺澎金馬。我國並在一九九一年修憲時增修條文第十條（現在為第十一條），將憲法的地域效力限縮在臺灣，並承認中華人民共和國在大陸統治權的合法性；增修條文第一、四條明定立法院與國民大會民意機關成員僅從臺灣人民中選出；一九九二年的憲改更進一步增修條文第二條，規定總統、副總統由臺灣人民直接選舉，使其所建構出來的國家機關只代表臺灣人民，國家權力統治的正當性也只來自臺灣人民的授權，與中國大陸人民完全無關。一九九一年修憲以來，已將兩岸關係定位在國家與國家，至少是特殊的國與國的關係，而非一合法政府、一叛亂團體，或一中央政府、一地方政府的『一個中國』的內部關係。所以，您提到北京政府將臺灣視為『叛離的一省』，這完全昧於歷史與法律上的事實。」

德國之聲問及在「宣布臺灣獨立」與「一國兩制」之間，是否有折衷的方案？李登輝回答：「中華民國從一九一二年建立以來，一直都是主權獨立的國家，又在一九九一年的修憲後，兩岸關係定位在特殊的國與國關係，所以並沒有再宣布臺灣獨立的必要。解決兩岸問題不能僅從統一或獨立的觀點來探討，這個問題的關鍵在於制度的不同。從制度上的統合，逐步推演到政治上的統合，才是最自然、也是最符合中國人福祉的選擇。」

針對「一國兩制」，李登輝指出：「大陸對港澳所承諾的『一國兩制』模式，對臺灣並無絲毫的吸引力。主要原因是『一國兩制』互相矛盾，違反民主的基本原則，又否定中華民國的存在。大陸雖想將『一國兩制』的港澳模式套用於我方，但臺灣不是港澳，港澳原為殖民地，中華民國是主權獨立的國家，兩者有根本的不同。」

一九九九年八月十日，李登輝公開表示：「在卸任前提出國家定位後，以後不管是誰做總統，都會很好做事情。」他又重申「大陸政治民主化、經濟自由化後，就是國家統一的最重要方向。」李登輝「特殊的國與國關係論」是一種具有歷史觀的主張，他預見了「一國兩制」的失敗，有力而及時地將兩岸關係定位從「分裂中國，兩個對等政治實體」演進到「特殊的國與國關係」。

江澤民與李登輝主政時期幾乎重疊，是同時代的領導人，雙方曾經多次展開對話，試圖打破僵局，但功敗垂成。一九九九年夏，李登輝提出「兩國論」後，中共當局對他不再抱有任何幻想，認定李登輝的本質是臺獨，其他政策只是選舉的花招、掩飾臺獨的煙霧。其實，李登輝執政期間並不主張臺獨，他堅持中華民國主權獨立，在他主政初期，為了推動「對等地位」為原則的兩岸交流，主動承認中華人民共和國政府在大陸的治權，制定《國家統一綱領》。不過，他在卸任前，將兩岸關係定位為「特殊的國與國關係」，有意識地去衝擊《上海公報》體制對臺灣國際關係的框限，希望為以後的總統開路。

在「中華民國臺灣」的形塑過程中，蔣介石、蔣經國、李登輝都不自覺地扮演了某種國父角色。李登輝加速了「中華民國臺灣化」的政治進程。經過李登輝的推動，一九九六年臺灣實現總統直選，中華民國已經被臺灣人民「借殼上市」了。

15 如何推動「臺美復交」和「臺中建交」呢？

最近，國民黨立法院黨團在立法院院會提出「政府應請求美國協助抵抗中共」及「臺美復交」兩案，要求立法院做成決議，由於並未有其他政黨提出異議，因此兩案均獲一致通過。國民黨提出的「臺美復交」案指出，「政府應以美國與中華民國恢復邦交作為對美外交目標，並積極推動」。

其實，國民黨還可以提案「政府應以中華人民共和國與中華民國建立正常外交關係作為兩岸關係政策目標，並積極推動」。立法院也應該朝野一致，無異議通過。早在三年前，我出版《意外的國父》時，就在結論中主張在「和平共處五項原則」基礎上，實現中華民國與中華人民共和國之間正常的國與國關係，成就兩岸永久和平。

國民黨如果真的主張「中華民國是主權獨立的國家」，追求「親美和中」的對外關係，就不應該僅主張「恢復與美國的邦交」，也應該主張與中華人民共和國建立邦交，建立「不衝突、不對抗、相互尊重、合作共贏」的新型鄰國關係。國民黨要成為一個負責任的在野黨，而不是一個投共賣臺的「紅統黨」，應該要調整心態，改變路線，突破「一個中國」的迷思，主張在「和平共處五項原則」的基礎上，實現中華民國與中華人民共和國之間的外交關係正常化。在「互相尊重主權和領土完整、互不侵犯、互不干涉內政、平等互利、和平共處五項原則」基礎上，推動中華民國與中華人民共和國之間建立友好邦交，這才應該是國民黨的新路線。「九二共識，一中各表」是自欺欺人的權宜之計，必須拋棄！臺、中「睦鄰友好」才是臺灣人民的願景。「有夢最美，希望相隨」，國民黨要是想重新執政，必須提出兩岸關係新論述和新目標。

一九七二年以來，臺灣領導人和臺灣人民通過「中華民國臺灣化」來反抗《上海公報》體制，三次政黨輪替鞏固了「中華民國臺灣化」的成果，中華民國已經被臺灣人民「借殼上市」了。可是，國際社會礙於中華人民共和國的反對，普遍不敢在法理上承認臺灣的事實獨立。要衝破《上海公報》體制的框限，臺灣朝野各政黨都應該「解放思想，實事求是，與時俱進」，在堅持「中華民國是主權獨立的國家」、「臺灣前途由二千三百萬人決定」基礎上，尋求與世界上任何國家，包括中華人民共和國與美國，建立正常的國與國之間的外交關係。

這次立法院無異議通過「臺美復交」提案，是朝野各政黨達成「中華民國臺灣」國家認同共識的重大成就！民進黨作為執政黨和「中華民國臺灣」國家認同的推動者，領導二千三百萬人民保衛臺灣的主權獨立和自由民主的生活方式，應該修改「臺獨黨綱」，追求以修憲修法程序逐漸實現國家正常化，通過和平外交來贏得「中華民國臺灣」在國際社會中的平等地位。民進黨在批評「九二共識，一中各表」或「兩岸一家親」的同時，必須盡快提出新的「中華民國臺灣」認同理論和兩岸政策論述。「中華民國臺灣」自一九五〇年意外生存以來，一直是個主權獨立的國家，臺灣從來不是中華人民共和國的一部分，臺灣願意與中華人民共和國和平共處，睦鄰友好。這個論述可以成為民進黨和國民黨國家認同的共識，進而成為國際社會普遍接受的共識。

蔡英文總統在就職演講中說：「七十年來，臺灣可以度過一次又一次的挑戰……，我們是一個在驚濤駭浪中走過來的國家。我們二千三百萬人，是生死與共的命運共同體。

過去是這樣，現在是這樣，未來也是這樣。」蔡總統的這段話說得好，有七十年歷史的這個國家，就是二千三百萬人的命運共同體。臺灣應該堅持親美外交路線，站在自由民主陣營一邊，不能奉行「中立主義」，當騎牆派。親美外交路線與追求臺中長遠的睦鄰關係是不矛盾的，堅實的臺美關係才是臺灣安全的保障，也是改善兩岸關係的必要條件，有了堅實的臺美關係，臺灣才有與中華人民共和國和平共處的力量和信心。

16 臺灣為什麼重要？

——評蔡總統的元旦講話

蔡英文總統在元旦講話中指出：「從全球戰略的角度來看，臺灣的地位越發重要。……我們是國際間一股良善的力量，不管現在還是未來，一直都會是國際社會不可或缺的一員。」相比蔡總統對臺灣和平的定位，《紐約時報》專欄作家夏瑪（Ruchir Sharma）更稱讚：「臺灣是全世界最重要的地方！」

夏瑪是摩根士丹利投資管理首席戰略師，他最近投書《紐約時報》指出：「這個小島人口只有二千三百萬，卻處於全球科技霸權爭奪戰的中心。在影響力方面，它就是世界上最重要的地方。隨著中美之間冷戰的加劇，這種重要性只會繼續增長。……如今，作為其成功經濟模式的一個副產品，臺灣已經成為全球科技供應鏈的關鍵一環，為其地緣政治考量增添了經濟砝碼。隨著全球科技霸權爭奪戰的升溫，這一砝碼的重量可能還會繼續增加。」臺灣半導體產業在全球科技供應鏈上的關鍵地位是有目共睹的，但是，臺灣對世界文明發展的獨特貢獻卻不為眾所周知。蔡總統今後三年的歷史使命，就是帶領臺灣人民與世界對話，通過「獨特國家」理論來定位臺灣成功融合東、西文明對世界的典範意義。

二十年前，李登輝前總統提出的「兩國論」，定義了兩岸關係的本質。兩年前，蔡總統提出的「中華民國臺灣主權論」，抵擋了習近平的「一國兩制臺灣方案」。今天，蔡總統提出：「只要北京當局有心化解對立，改善兩岸關係，在符合對等尊嚴的原則下，我們願意共同促成有意義的對話。」與習近平對話，談什麼呢？當然是談夢想，他談他的「中國夢」，她談她的「臺灣夢」，「有夢最美，希望相隨」！不過，對臺灣而言，更重要的是與世界對話。

蔡總統與世界對話，為臺灣發聲，不僅要談防疫經驗，更要強調尊重自由人權與尊重科學法治的平衡。政治運動家周奕成先生最近主張，蔡政府應該抓住這個機會，對全世界宣揚幾個觀念：「第一，臺灣人民積極協同防疫，不只為了保護自己，更為了保護社區。這是臺灣民主共同體的一大獨特性。個人和社群要共生互利。第二，民主國家某些人的個人權利主張，在急性嚴重傳染病下必須妥協。在民主體制下，不必過度擔憂這些暫時的妥協，之後都可以恢復。第三，真正該擔憂的是民主國家的可能失敗。科技極權國家若取得勝利，才是人類的浩劫。民主國家一定要成功。」周奕成說：「臺灣不只在防疫工作上證明我們可以躋身先進國家。在詮釋及捍衛普世價值方面，臺灣也可以是領導的國家。」我非常贊同周奕成的這些說法，蔡總統應該充分闡述臺灣「獨特國家論」來定義臺灣與世界關係的本質，就像「兩國論」定義兩岸關係本質一樣；蔡總統還應該領導詮釋及捍衛普世價值的全球大辯論！

「獨特國家論」的內涵有哪些呢？從防疫經驗看，找到自由人權與科學法治的平衡點；從宏觀的人類文明史看，找到個人自由與集體安全的平衡點。周奕成說：「更獨特的是，臺灣人民此次防疫努力，投入了很大的愛國心。這種愛國心是臺灣獨特國家處境在這個歷史階段所激發的。了解臺灣人民的愛國心，才能了解臺灣防疫的真相，也就是其精神面。」找到這種愛國心與普世關懷的平衡點，也是臺灣「獨特國家論」的內涵。

還有，臺灣的宗教自由、和平共處的成功，對照中共對宗教自由的摧毀，也對照西方世界的宗教衝突；臺灣「小政府，大社會」的發展，藏富於民，例如旅外人士調查，臺灣一再榮登全球最適合居住就業的國家，「小國寡民，其樂融融」不就是人類社會的理想境界嗎？

十年前，美國政府的東亞政策顧問任雪麗教授（Shelley Rigger）曾出版過一本暢銷書《臺灣為什麼重要？》任雪麗從臺灣歷史切入，從經濟、政治、文化多角度分析臺灣社會特色，點出臺灣在經濟、政治與外交競合上，對美國乃至世界舉足輕重的影響力量。十年過去了，臺灣這個「獨特國家」，已經被《紐約時報》稱讚為「全世界最重要的地方」，而蔡總統和每一個臺灣人的責任就是把臺灣的獨特故事大聲地告訴世界！

17 再論「臺灣為什麼重要？」

《紐約時報》專欄作家夏瑪（Ruchir Sharma）從全球科技供應鏈的角度稱讚：「臺灣是全世界最重要的地方！」其實，臺灣更是自由世界對抗專制社會的橋頭堡。臺灣不僅位於自由世界地緣意義上的第一島嶼鏈，還位於文明與價值觀鬥爭的第一島嶼鏈！

今天，當「中華帝國」習近平「以疫謀霸」，瘋狂推銷「中國特色的發展模式」時，西方主流媒體和社交平臺一方面縱容中共「大外宣」和「戰狼外交」大放厥辭，另一方面卻打壓反共的川普和川粉發聲，可見普世價值與威權模式之間的鬥爭已經超越了國界和三維空間。

臺灣的重要性在於它是華人社會從威權專制向自由民主和平演變的成功典範。臺灣的轉型成功，不僅證明自由經濟和民主制度在華人社會可行，也證明了這種轉變可以通過和平演變實現，不必通過大規模流血革命或外力強加實現。在後疫情時代，正如周奕成所說：「臺灣不只在防疫工作上證明我們可以躋身先進國家，在詮釋及捍衛普世價值方面，臺灣也可以是領導的國家。」

臺灣的重要性在於它不僅是實踐普世價值的標竿，也是發展「小政府，大社會」的典範，臺灣政府的財政收入和開銷不到GDP的百分之十五，政府長期負債大約是GDP的三分之一，這種量力而為的「小政府」與「大社會」的平衡關係，舉世罕見！「有政府，會做事」，但臺灣人不依賴政府，靠的是公民社會的自強不息！這也讓臺灣成為全球最適合居住就業的國家。這一點，臺灣可以給「從生到死，聽黨安排」的中國人上一課，也可以給不知節儉、超前消費、亂花子孫錢的西方人上一課。

這次美國大選的爭議，再一次提醒我們，民主制度是多麼的脆弱，它有賴於多數派的自我克制和權力制衡。美國憲法之父們在《聯邦黨人文集》中曾一再警告「多數暴政」（tyranny of the majority），批評由多數派完全決定，使得少數派不受尊重。美國憲法設計了權力制衡，以阻止「多數暴政」。二百多年過去了，落實「少數服從多數，多數尊重少數」的制衡原則和理念再次面臨挑戰。臺灣落實民主化不久，轉型正義也不徹底，但是臺灣社會雖然政治紛爭不斷，卻是個實踐「少數服從多數，多數尊重少數」理念的成功典範。這既表現在社會對不同意見的容忍度高，也表現在社會對選舉制度和運作的高度信任。在這次美國大選爭議中，有一些了解臺灣選舉的美國人就說，如果美國能學習臺灣的投票、點票、開票制度就好了。「Taiwan can help!」臺灣的重要性不只在於它可以教世界如何抗疫，還可以教世界如何辦選舉！

臺灣的重要性更在於它是「不以武力解決國際爭端」的試金石。持久的世界和平不能建立在「力量決定一切」的強權政治基礎上。習近平信奉「強者為所欲為，弱者逆來順受」，隨心所欲地破壞國際體系的權力平衡，這種強權政治必須加以遏止。臺灣的安全和獨立是自由世界抵抗「中華帝國」稱霸的核心指標，是對二戰後由美國主導的國際關係體系最重大的考驗。臺灣亡，則自由世界亡！

臺灣為什麼重要？因為它對於生活在此的二千三百萬人民來說，它就是「全世界最重要的地方」！它不是別國的棋子或獵物，它是臺灣人民的城堡，臺灣人民的家！

關於臺灣經濟

18 領導拚經濟，蔡英文可以做什麼？

當前，無論是檢討九合一選舉的失敗，還是部署二〇二〇年大選，蔡英文都必須重建拚經濟的領導力。那麼，她可以做什麼呢？

首先，蔡英文必須盡快召開「拚經濟國是會議」，把行政院各部會首長、各個立法委員、各縣市的首長、中央銀行行長、在野黨領導人、各工商團體和勞工團體代表，各方智庫人士等召集起來，深入討論經濟到底要怎麼拚。這個拚經濟會議，不是討論頭痛醫頭、腳痛醫腳的短期經濟政策，而是為臺灣十年、二十年經濟升級換代規畫路線。臺灣經濟如何轉型升級？年輕世代相對剝奪感的問題怎麼解決？社會如何面對老齡化？基礎建設的水準和速度怎麼提高？這些基本問題需要全社會來集思廣益，凝聚共識。蔡英文辦好一場「拚經濟國是會議」是展現領導力的第一步。

其次，立即將「長照2.0」升級為「長照3.0」，發行五千億臺幣的「長照特別公債」，提供全民長照服務，同時建立「全民長照保險」制度。到二〇二五年，臺灣六十五歲以上老人占人口總數會超過百分之二十，老齡化問題嚴重，但是扁、馬政府時期的「長照1.0」一年投入只有四十至五十億臺幣，杯水車薪。蔡政府實施「長照2.0」後，二〇一七年投入二百億臺幣，二〇一八年投入三百億臺幣，服務覆蓋從幾萬人增加到二十多萬人，投入程度確實比前任政府加強了很多。但是，目前臺灣有近百萬人需要長照服務，二〇二五年可能增加到一百二十萬人，要全民覆蓋，政府需要每年投入一千二百億臺幣左右，而蔡政府用遺產稅和菸稅支付「長照2.0」，每年收不到三百億而且稅入不穩定，無法真正提供全民覆蓋。

發達國家的年長照開支一般占GDP百分之一點六，目前臺灣不到百分之零點二，將來如果增加到每年一千二百億臺幣，也就是百分之零點六而已，但是這錢怎麼來？「長照2.0」計畫每年投入三百億共十年，覆蓋規模還是太小，人民無感，建議蔡政府立即發行五千億臺幣二十年期「長照特別公債」，盡快建立起全民覆蓋和長照服務產業，同時在現有的「全民健保」基礎上，建立「全民長照保險」制度。如果將「全民健保」保費多收百分之十五為「全民長照」保費，每年就可多收八百億，加上遺產稅和菸稅三百億，這應該能維持「全民長照」運作和支付「長照特別公債」利息。這樣，就能在最短的時間內建立起長照的全民覆蓋和「全民保險」制度，同時發展出長照服務產業。這是一項造福全社會的長遠制度，不應該等「長照2.0」實驗十年後才考量，而應該現在就實施。

最後，大力推動公有資產證券化和公用事業公司上市。臺灣政府拚經濟的關鍵困境是政府收入占GDP比例不到百分之十五，各級政府債務占GDP不到百分之四十，公共服務收費偏低，但人民又不滿意公共服務「又老又窮」，政府沒錢，卻不讓這些公用事業公司上市，就只能淪為「又要馬兒跑得快，又要馬兒不吃草」的嘴砲拚經濟了。臺灣有近十兆臺幣的國有資產，將其中一部分活用，通過證券化上市，可以提高經營績效和資產回報。國有財產上市發行新股占整個公司一定比率，如百分之二十五至百分之四十九，政府可以保留百分之五十一以上的股份，對經營仍有控制權。蔡英文政府可以學習各國公用事業公司上市的經驗教訓，在公共利益、員工利益和股東利益三者之間找到平衡。另外，政府可以設立房地產信託基金並將其上市融資，該基金可承租國有的土地或房屋，改造成廉租房，出租給年輕人。

總之，蔡英文如果要拚經濟，就要發揮創意，突破民粹思想束縛，不分藍綠，不分左右，敢於花錢辦事，才能真正讓人民有感。

19 如何解決臺灣經濟的三大結構性困境呢？

二〇一九年元旦，蔡英文總統談及美中貿易戰，對臺灣的總體經濟、產業發展、金融穩定帶來一定的衝擊。蔡總統表示，臺灣的經濟體質深受美中兩國的牽動，所以絕對不能掉以輕心。所幸在這兩年，政府一直在為這一刻做最好的準備。無論是「5＋2產業創新計畫」帶領產業轉型，或者是「前瞻基礎建設計畫」投資公共建設來擴大內需，或是「新南向政策」的全球多元布局，努力調整過去過度依賴中國的經貿戰略，這些都是為了要來因應國際劇烈的變化。蔡總統的這些經貿戰略大方向是正確的，但她對臺灣經濟所面對的結構性困境還是認識不足，最近國發會提報的「因應二〇一九總體經濟變動政策規畫」，藉由活絡國內消費及投資，擴大內需動能來驅動經濟，仍然只是一個零敲碎打，頭痛醫頭，腳痛醫腳的方案。

臺灣經濟面臨三大結構性的長期困境，需要四項根本性政策來應對。臺灣經濟面臨的第一大結構性困境，就是國內投資不足，國外投資過度。二〇〇八至二〇一七年，臺灣GDP從四千一百七十億美元增長到五千七百九十三億美元，增長百分之三十九，此增長只有百分之二十來自投資拉動，而一般發達國家則有百分之三十、中國有百分之四十五來自投資拉動。同期，臺灣國際投資淨資產卻從五千五百八十九億美元增長到一萬一千八百零八億美元，增長百分之一百一十。臺灣國際淨資產額全球排名第五，是GDP的兩倍多。二〇一九年一月一日起，行政院「歡迎臺商回臺投資行動方案」實施三年，全面歡迎臺商回歸。可是，財政部還在研擬《海外資金匯回管理運用及課稅條例》，草案規定，匯回資金只要接受專戶控管，投入政府重點扶植產業的實質面投資，專法上路一年內匯回，可適用百分之十的優惠稅率；一年以上、兩年以下匯回，則適用百分之十二的優惠稅率。

臺灣經濟面臨的第二大結構性困境，是政府（中央+地方）財政收入占GDP比率太低，只有百分之十五，而美、日、中都近百分之三十，西歐則是百分之四十。同時，臺灣人對舉債很反感，所以政府總體財政狀況很好，全世界排第十名，長期債務只相當於GDP的百分之三十六，歐美國家大都在百分之百左右，日本則是百分之二百五十，而且這三年來，臺灣負債比率逐年下降。問題是政府稅收少，負債又這麼少，哪來的錢去發展公共建設？臺灣人不交稅，卻一直罵政府不會拚經濟，臺灣「又老又窮」。

臺灣經濟面臨的第三大結構性困境，是人口老齡化而勞動參與率（勞參率）太低。臺灣人均壽命八十點四歲，而六十五歲以上老人占人口總數近百分之十五，早已是高齡社會。可是，臺灣平均退休年齡為男六十二點八、女六十點七，明顯低於南韓的男七十三、女七十，日本的男六十九、女六十七。二〇一七年底，臺灣十五歲以上人口為二千零四萬，只有一千一百八十萬勞動人口，勞動參與率百分之五十九，而韓、日、美都在百分之六十三左右，其中五十五至五十九歲的勞動參與率，臺灣為百分之五十五，韓國百分之七十二，日本百分之八十一，美國百分之七十八；六十至六十四歲，臺灣百分之三十六，韓國百分之六十一，日本百分之六十五，美國百分之五十五。臺灣老人過早退休，經濟缺乏熟練工人，增長動力不足。臺灣高齡人口勞參率嚴重偏低，和軍公教退休過早有關，但不是主因，因為軍公教占勞動人口只有百分之六。主因是大多數勞工自雇或受雇中小企業，而中小企業平均生存十三年，長年在中小企業受雇或自雇，五十歲後失業，再就業很困難，乾脆就不工作、改成料理家務了。所以，政府花錢，加大對五十歲以上勞工再就業的職業培訓很重要，鼓勵企業雇用五十歲以上的高齡工人也很重要。

搞清楚這三大結構性困境，才能對症下藥，建議蔡總統立即推出四項應對政策。首先，修改財政部《海外資金匯回管理運用及課稅條例》草案，對臺商匯回資金三年內全部免稅！臺灣國際投資淨資產一點二兆美元，如果三年內能吸引百分之十，即一千二百億美元回流（臺灣GDP近六千億美元），投資產業升級「5＋2」，資金進入實體產業發展而不是房地產，是可以通過行政措施引導的。如果三年GDP增長超過百分之二十，財政部還怕收不到稅嗎？

其次，在臺灣國際投資淨資產中，央行外匯儲備占了四千五百億美元，政府應該將外匯儲備拿出百分之十，即四百五十億美元，模仿新加坡「淡馬錫模式」，成立一個主權基金，主要投資支持「5＋2」的產業升級。這個基金要找美、歐、日三十家最大的創投基金管理公司，按產業成立三十個不同基金，讓他們去找國際資本市場融資，融來資金後，臺灣主權基金可以一比一配資，可達到九百億美元創投基金規模，一起去購買美、歐、日創新科技智慧產權，連結臺灣「5＋2」產業轉讓創新技術，推動技術商業化和創新公司上市。同時，臺灣主權基金可以要求這三十家創投公司在臺灣開辦公室，把臺灣創投基金管理行業升級和國際化。

再次，臺灣有近十兆臺幣的國有資產，將其中一部分活用，通過證券化上市，可以提高經營績效和資產回報。國有財產上市發行新股占整個公司一定比率，如百分之二十五至百分之四十九，政府可以保留百分之五十一以上股份，對經營有控制權。政府可以學習各國公用事業公司上市的經驗教訓，在公共利益、員工利益和股東利益三者之間找到平衡。特別是，政府可以設立青年廉租房信託基金並將其上市融資，該基金可長期承租國有的土地或閒置的房屋，改造成廉租公寓，並利用資本市場融資，不斷擴大規模達到五千億臺幣，開發五十萬個十坪左右的青年廉租公寓，出租給三十歲以下的年輕人。

最後，立即將「長照2.0」升級為「長照3.0」，提供全民長照服務。發達國家的長照開支一般占GDP百分之一點六，而老齡化的臺灣卻不到百分之零點二，只有三百億臺幣，服務不到二十萬人。目前臺灣有近百萬人需要長照服務，每年需要一千二百億臺幣。但是這錢怎麼來？建議政府立即發行五千億臺幣二十年期「長照特別公債」，盡快建立起全民長照服務產業，同時在「全民健保」基礎上，建立「全民長照保險」制度。如果將「全民健保」多收百分之十五為「全民長照」保費，每年就可多收八百億，加上遺產稅和菸稅三百億，和長照使用者部分付費，如同「全民健保」，這應該能維持「全民長照」運作和支付「長照公債」利息。發展出長照服務產業，培訓五十萬個五十至六十五歲的長照服務員，提高高齡人口勞參率，對臺灣經濟和社會發展有長遠好處。

建議蔡總統盡快召開「拚經濟國是會議」，把行政院各部會首長、各個立法委員、各縣市的首長、中央銀行行長、在野黨領導人、各工商團體和勞工團體代表，各方智庫人士等召集起來，深入討論經濟到底要怎麼拚。這個拚經濟會議，不要討論頭痛醫頭、腳痛醫腳的短期經濟政策，而是為臺灣十年、二十年經濟升級換代規畫路線。臺灣經濟如何轉型升級？年輕世代相對剝奪感的問題怎麼解決？社會如何面對老齡化？基礎建設的水準和速度怎麼提高？這些基本問題需要全社會來集思廣益，凝聚共識。

20 臺灣如何應對來自中國的「黑天鵝」與「灰犀牛」？

二〇一九年一月二十一日，中共領導人習近平告訴數百個省部級官員，中國正「面對波譎雲詭的國際形勢」需要「警惕黑天鵝，防範灰犀牛」、因此亟需「堅決貫徹總體國家安全觀，確保我國政治安全」。所謂「黑天鵝」是形容不可預測的危機，而「灰犀牛」則是預期將出現但又廣泛被忽略的困境。臺灣應該如何應對中國經濟的「黑天鵝」和「灰犀牛」呢？

受全球產業鏈影響，臺灣經濟過度依賴中國，對中港出口，二〇一五年為一千零九十三億美元；二〇一六年為一千一百二十三億美元，增加百分之二點七；二〇一七年為一千三百零二億美元，增加百分之十六；二〇一八年一至十月為一千一百五十四億美元，增加百分之十（與二〇一七年同期相比）。近三年來，臺灣對中港出口增加約百分之三十，總出口增長約百分之二十，對中港出口占總出口比超過百分之四十。可是，受美中貿易爭端的溢出效應以及中國對消費電子產品需求放緩的影響，二〇一八年十一月和十二月，臺灣出口訂單出現近年來最大跌幅，十二月來自中國的訂單減少百分之十點三。二〇一九年第一季，臺灣出口訂單將進一步減少。臺灣經濟嚴重依賴出口，通過供應鏈的傳遞，中國發生黑天鵝或灰犀牛事件對臺灣的影響是巨大的。臺灣的出口產品是全球供應鏈上的關鍵一環，而出口訂單反映了二〇一九年中國重要的科技行業、石化行業以及其他關鍵行業的前景。

臺灣金融業對中國的風險敞口超過千億美元。二〇一八年十月，受到四家臺灣國銀中國分行踩到企業地雷影響，逾放飆升，使得國銀中國分行十月的壞帳率，較九月一口氣暴增三十六倍，達百分之零點七二，創下歷年次高紀錄。截至一月二十二日，二〇一九年以來中國國內債券市場已有十一支債券出現實質性違約，違約金額達七十八億元，涉及八家公司。此外，目前還有十家上市公司發行的二十一支低評級高危債違約風險較大。臺灣金融機構對中國的信貸風險巨大，監管當局應當加強審查金融業持有的中國信貸敞口，高度重視中國地方政府融資平臺和企業貸款違約風險。

二〇一九年元旦，蔡總統表示，臺灣的經濟體質深受美中兩國的牽動，所以絕對不能掉以輕心。所幸在這兩年，政府一直在為這一刻做最好的準備。無論是「5＋2產業創新計畫」帶領產業轉型，或者是「前瞻基礎建設計畫」投資公共建設來擴大內需，或是「新南向政策」的全球多元布局，努力調整了過去過度依賴中國的經貿戰略，這些都是為了要來因應國際劇烈的變化。

應對中國經濟的「黑天鵝」和「灰犀牛」，蔡總統應該向習近平學習，「既要有防範風險的先手，也要有應對和化解風險挑戰的高招；既要打好防範和抵禦風險的有準備之戰，也要打好化險為夷、轉危為機的戰略主動戰」。建議蔡政府盡快宣布「二〇一九中國經濟金融風險應對方案」，主要著力於三個方面：刺激臺灣內部消費及投資，擴大內需動能；補助出口企業，提供賣方信貸和貿易融資的支持；鼓勵金融業減少對中國的信貸敞口，減低中國壞帳對臺灣金融業的衝擊。尤其重要的是，行政院應該修改財政部《海外資金匯回管理運用及課稅條例》草案，對臺商匯回資金三年內全部免稅！臺灣的GDP近六千億美元，可是國際投資淨資產高達一點二兆美元，如果三年內能吸引百分之十，即一千二百億美元回流，臺灣經濟可以化危為機，加速產業升級。

二〇一九年一月初，國發會曾公開表示，由於全球經貿成長動能減弱，二〇一九年出口恐不如二〇一八年，內需將是驅動經濟成長的主力，國發會彙整經濟部、內政部、財政部、交通部、金管會、中央銀行等部會促進內需的做法，藉以活絡國內消費，並讓國人感受政府拚經濟所做的努力。有了這些做法還不夠，蔡總統和政府各有關部長要走出同溫層，大力與企業家溝通，了解他們的困難和需求。同時，蔡總統和部長們要大力向社會宣傳，確保家喻戶曉，人人做好應對中國經濟「黑天鵝」和「灰犀牛」的心理準備。

21／中國限制旅客來臺，臺灣怎麼辦？

中國日前宣布，自二〇一九年八月一日起暫停核發四十七個城市中國居民來臺自由行的個人旅遊簽證。對此，國民黨總統候選人韓國瑜開罵民進黨，指挑撥兩岸關係，影響人民發財。其實，這幾年中共操作觀光客效應已經遞減。中客人數已從二〇一四年高達四成境外入臺旅客，到二〇一八年已經降到二成四，中客不來，會促進臺灣國際觀光客來源多元化。針對中國全面暫停自由行，交通部長林佳龍強調：「我們已經做好因應對策，除了我們擴大國旅，提出三十六億元的秋冬遊，將會創造二百六十多億以上的效應。同時也全力爭取更多國際旅客來臺，包括簽證鬆綁、擴大免簽國家範圍，簡便所有入境程序，將一波一波對外宣布。」

不過，近年來，全臺旅館總供給量持續上升，旅館、民宿房間數自二〇一三年起，幾乎每年都增加一萬個房間，二〇一九年二月臺灣旅館、民宿共一萬三千五百四十六家、房間數二十四萬六千一百九十五間，皆為歷史新高，整個行業供過於求。面對未來數月中客人數緊縮的局勢，旅館業者在經營上將面對嚴峻挑戰，不動產市場上可能出現更多待售的旅館。據媒體統計，網路待售飯店、旅館截至二〇一九年七月底已達二百零四家。近年被拋售的飯店，多是專營中客團、設備管理品質較差、無法吸引高端客群的飯店，這次中國全面暫停自由行，即便品質較佳的商旅、民宿也會受到衝擊，旅館賣壓勢必進一步升高。

對於受中客不來影響而要拋售的旅館酒店，建議蔡政府可動用前瞻和長照資金承租，將這些旅館裝修為長照中心或養老院，發展長照養老產業。目前臺灣有近百萬人需要長照服務，每年需要一千二百億臺幣。但是這錢怎麼來？建議政府立即發行五千億臺幣二十年期「長照特別公債」，盡快建立起全民長照服務產業，承租改裝多餘的旅館。如果將「全民健保」多收百分之十五為「全民長照」保費，每年就可多收八百億，加上遺產稅和菸稅三百億，和長照使用者部分付費，如同「全民健保」，應該能維持「全民長照」

運作和支付「長照公債」利息。發展長照養老服務產業，培訓五十萬個五十至六十五歲的長照服務員（包括引進部分外勞），提高高齡人口勞參率，對臺灣經濟和社會發展有長遠好處。

同時，臺灣也可發展高級養老產業，吸收十萬名香港人來臺灣養老，一人一年住養老院費用和商業醫療保險可化為一百萬臺幣以上，這樣就是一個一千多億臺幣的新產業。臺灣人拚死拚活，一年三百萬中客才帶來三百六十億的收入。香港總人口是臺灣的三分之一，人均收入是臺灣一倍，老齡化嚴重。同等條件下，養老服務、商業醫療保險和服務等費用都是臺灣的三至四倍。臺灣政府和產業合作，努力向港人推廣來臺灣使用高級商業性的長照養老服務，是有很大商機的。這種商業服務也可提供給其它經濟合作暨發展組織（OECD）國家的老人。

政府可以設立青年廉租房信託基金並將其上市融資，該基金可長期承租國有的土地或閒置的旅館、酒店、民宿，改造成廉租公寓，並利用資本市場融資，不斷擴大規模達到五千億臺幣，開發五十萬個十坪左右的青年廉租公寓，出租給三十歲以下的年輕人。政府推動長照養老產業和青年廉租公寓，可以減輕全臺旅館供過於求的壓力。

22／為什麼要調整臺灣整體經貿戰略？

總統蔡英文在二〇二〇年八月二十八日說明加大開放美豬、美牛進口，對臺灣而言，應該是最有利的時機。蔡總統表示，因疫情告一段落，全球經貿供應鏈正在快速重組當中，關係到臺灣整體經貿戰略，時間點對臺灣而言非常重要，調整經貿戰略必須與其他主要經濟體有更緊密的結合，在供應鏈上形成一定的合作關係。臺灣解禁美豬、美牛進口消息一出，美國副總統彭斯（Mike Pence）、國務卿蓬佩奧（Mike Pompeo）、商務部長羅斯（Wilbur Ross）及農業部長帕度（Sonny Perdue）等多位美國高層官員，紛紛推文表示歡迎這項措施，並期許美臺經貿關係能進一步深化。在美國國會方面，多位重量級議員不只讚許臺灣開放美豬、美牛的決定，還公開呼籲美方與臺灣洽簽「自由貿易協定」。

最近剛結束的美國民主黨和共和黨全國代表大會，有個共同的政策方向，就是經濟上減少對中國的依賴，特別是從中國搬回製造業工作機會。共和黨強烈主張基礎產業例如醫藥產業、資通訊產業（ICT）搬出中國。美國要減少依賴「中國製造」是兩黨共識，當然，在執行力度和方法上，兩黨有分歧。

臺灣在這波美中貿易戰及抗疫過程中表現亮眼，大幅提升臺灣產業在國際上的能見度。過去三十年，全球化等於產業鏈中國化，現在是全球產業鏈「去中國化」大調整的關鍵時刻，臺灣應該掌握這個難得的契機，排除各種國內障礙與國際接軌，特別是把握美國重建醫藥產業、資通訊產業供應鏈的關鍵時機。應對國際局勢變化，蔡政府推動臺商回流金額目前已超過一兆臺幣，而回流臺商大部分都以美國市場為目標，與美國市場進一步對接，對回流臺商及臺灣整體經濟發展都有幫助。臺美「自由貿易協定」，會促進臺美產業連結，讓臺商能加入美國重建供應鏈的過程，大舉進軍美國市場，而且它將帶來示範效果，提高世界知名品牌商與臺商建立安全供應鏈的意願。加大開放美豬、美牛進口，是臺灣為臺美自貿協定所必須做的政策調整。

全球進入後抗疫時代，臺灣的產業如何化危機為轉機？關鍵是臺灣在全球最受矚目的兩大領域——醫療和電子資通訊——人才、企業和政府對話，共同找到美國重建醫療和資通訊產業供應鏈的切入點，推動臺美經貿關係升級。美國一年的醫療支出約三萬八千億美元（約占GDP百分之十六），而臺灣一年的醫療支出約三百八十億美元（約占GDP百分之七），美國的醫療市場將近臺灣的一百倍。而美國「乾淨網路」的戰略目標是將蓬勃發展的資通訊產業「去中國化」。面對如此龐大的市場，如何將臺灣最強的醫療和資通訊兩大產業結合起來，去搶占美國重建供應鏈的商機？這是臺灣企業、政府和社會需要共同回答的問題和努力的方向。

美國的「乾淨網路」兵分五路，目標「有軟（體）有硬（體）」，美國試圖在資通訊世界與中國脫勾，還號召盟友，一同加入「乾淨網路」，若能結合多數國家加入此一「乾淨」陣營，等於把中國推入「資通訊鐵幕」，將未來全球資通訊分成兩個世界。臺灣應該加入美國的「乾淨網路」，這不僅僅是全球產業鏈大調整的現實商機，也是保衛臺灣安全所必須有的作為。

另外，臺灣應該大力進口美國石油和液化天然氣（LNG），減少對中東的油氣依賴。

現在臺灣大半的石油和天然氣來自中東，要經過南海運輸，容易被共軍攔截，戰略上不安全。買美國的油氣，從阿拉斯加經日本來臺灣，運輸安全多了。

二〇二〇年一至七月，臺灣對美出口二百七十三點三二億美元，占臺灣出口總額百分之十四點六八，自美進口一百八十五點二五億美元，占臺灣進口總額百分之十一點六一。臺美貿易總額達四百五十八點五六億美元，占臺灣貿易總額百分之十三點二六。臺灣媒體說，美國為臺灣第二大貿易夥伴、第二大出口市場，次於中國。但是，臺灣對中國的出口，尤其是資通訊產品，多數只是因為產業鏈的組裝線在中國，最終市場還是美國，所以說美國才是臺灣最大的出口市場。加大開放美豬、美牛進口，換來臺美自貿協定，對臺灣絕對是利遠大於弊。

關於二〇二〇臺灣大選爭議

23／臺灣有必要改採內閣制嗎？

近日，針對臺灣憲政體制應該是總統制、內閣制還是雙首長制的爭議，前總統陳水扁公開主張，「修憲改為內閣制，是蔡英文總統可以歷史留名的大好機會」。其實，關於民主憲政體制，不論是美國式的總統制或英國式的內閣制，世界上各有不少民主國家採用。總統制和內閣制各有利弊，並無明顯優劣之分，關鍵在於每個國家的歷史文化緣源和配套的法治建設。

中華民國臺灣自一九五〇年以來，實際上一直實行總統制，一般選民對英國式內閣制並不了解。英國式內閣制有幾大特點：

（一）國會有上、下兩議院而下議院擁有議會主權，內閣由女王根據下議院多數決議任命，內閣向下議院負責。

（二）內閣由下議院多數黨領袖擔任首相並組閣，閣員幾乎都是民選的下議院議員，一般閣員人數約是下議員總數的百分之五。首相隨時可以對內閣進行改組，事實上，英國首相幾乎每年夏天都會改組內閣。

（三）大選間隔不得超過五年，但首相都會選擇他（她）認為對自己連任最有利的時機提前解散下議院並進行大選。

（四）內閣因下議院多數反對某一重大議案而隨時可能倒臺，如果下議院多數通過對內閣的不信任案，首相就要被迫解散下議院，提前大選。所以，英國內閣沒有任期保證，但首相可連選連任，沒有屆數限制。

（五）如果下議院是多黨而沒有一黨超過百分之五十的席位，那麼最大黨只能與小黨聯盟組閣，則內閣極不穩定。

（六）內閣定期召開內閣會議，象徵性地討論政府重要政策以及做出決定。內閣有眾多委員會，各委員會關注不同的政策領域，特別是那些橫跨多個部、需要協調的政策領域。實際上，每週的內閣會議傾向於資訊的交流和日常政治問題的大致討論；而主要的決定由內閣委員會或常常由首相和某個部長二人商定。

（七）英國國會制度中，由於內閣成員是從議員中選出來的，行政部門與立法機關不分離，因此，行政部門往往支配立法機關。日本、德國的內閣制和英國的內閣制差別不大。總之，內閣制絕對不比總統制更穩定，總統制下的總統有固定任期保證，內閣由總統任命，向總統負責。

自一九九六年大選以來，在中華民國現行憲政體制下，臺灣實際上實行的是總統制，不是什麼「雙首長制」。因為只有總統是直選的，而行政院長和各部部長都是由總統任命，不需經立法院同意，也可被總統隨時撤換，院長和部長沒有任期保證，行政院長只是總統的首席部長而已。但是，正、副司法院長、監察院長、考試院長都是由總統提名，經立法院同意，有任期保證的，他們與行政院長不同。所以，行政院本質上是直選總統的政策和意志的執行機構，而總統也應該就行政院的施政，向選民直接負責。

在中華民國現行的憲政體制下，蔡英文總統要對選民負責，協調好行政部門對經濟民生政策的制定、執行、辯護，建議蔡總統恢復府、院、黨、黨團的四方非正式會談。在蔣經國總統任內，每週有總統經濟會談，召集行政院長、各經濟相關部長和央行總裁會談與協調經濟政策，這是很好的做法。也建議蔡總統模仿美國總統，在府內建立總統經濟顧問辦公室，提出宏觀經濟政策建議，幫助總統協調和辯護府院的經濟政策。

臺灣總統與行政院長的關係問題，並不是總統制或內閣制的利弊問題，而是選民和政治人物對總統制的實質認識不夠的問題。現行《中華民國憲法》幾經增修還留有「行政院為國家最高行政機關」一句，讓人誤解總統與行政院的關係，其實總統與行政院長的關係可以通過大法官釋憲來澄清，不必通過修憲將總統制改為內閣制來加以解決。誰說內閣制一定會比總統制更好、更適合臺灣呢？

24 郭總統候選人可以回答郭董問蕭美琴的問題嗎？

郭台銘董事長於二〇一九年四月十六日以企業家身分出席「二〇一九印太安全對話研討會」，在問答環節時不滿立委蕭美琴「回應時未直視他」，感覺不受尊重。郭董認為蕭美琴沒有回答他「臺灣如何走出去？」因此憤而離席。郭董事後在臉書上補充說：「臺灣被摒除在許多國際貿易協議外，造成臺灣廠商在關稅及相關競爭基礎上最少都要多百分之五以上的成本，造成只有少數具備特殊國際競爭力的廠商才能活得好。受影響最大的就是中小企業，中小企業不強，一般就業人口就會減少，平均薪資就難漲，這都是經濟成長數據再美好也無法讓大家覺得有感的原因，我今日在會議中提問要加入這些協議的關鍵鑰匙在華府還是北京？被已讀不回，所以只有走人。」

目前與臺灣直接有關的主要區域貿易協議有三個：

（一）區域全面經濟夥伴協定（RCEP）：這個協議由東南亞國家協會十國發起，由日本、中華人民共和國、韓國、印度、澳大利亞、紐西蘭這些和東協有自由貿易協定（FTA）的六國參加。中華人民共和國對推動該協定態度積極，該協定由東協十國和中國主導，談了快十年，還沒有達成協議。臺灣將來要加入，關鍵鑰匙在北京。郭董要選總統，又想加入RCEP，會表態接受「九二共識，一個中國，一國兩制」，而求得北京放行嗎？

（二）跨太平洋夥伴全面進步協定（CPTPP）：由澳洲、汶萊、加拿大、智利、日本、馬來西亞、墨西哥、紐西蘭、秘魯、新加坡及越南共十一個國家共同簽署，二〇一八年十二月三十日，該協定正式生效。這個綜合性自由貿易協議在美國退出後由日本主導，臺灣要加入，關鍵鑰匙在東京。蔡政府早已再三表示希望加入，也組織了龐大團隊去談判。但是，由國民黨副主席郝龍斌和國民黨立院黨團推動的「反核食公投」卡住了臺灣加入CPTPP的談判。二〇一八年十二月七日，日本外相河野太郎表示由於臺灣「反核食進口」公投案過關，如果因為這樣的事態而無法加入，將會令人非常遺憾。

郭董要選總統，又想加入ＣＰＴＰＰ，會公開站出來反對這一公投結果，設法推翻公投結果嗎？

（三）臺美自貿協議（ＦＴＡ）：川普政府喜歡雙邊自貿協議，ＦＴＡ強調的是雙邊開放，美國市場比臺灣大很多，臺灣企業可以藉機搶攻美國市場，因此，整體來說，臺美簽ＦＴＡ對於臺灣經濟有很大幫助，還能達到示範效果，讓歐洲、日本等其他國家有更高意願跟臺灣簽署相關貿易協定。蔡政府早已再三向美國表示希望簽署自貿協議，但美豬開放議題將成為雙方談判的重點之一，臺灣政府必須說服人民。郭董要選總統，又想與美國簽ＦＴＡ的話，打算如何與臺灣社會大眾溝通，進一步開放美牛、美豬、牛雜、內臟進口呢？

其實，臺灣要加入這些國際貿易協議的關鍵鑰匙在臺北，而不在北京、東京或華府！郭董可以發脾氣罵蕭美琴聽不懂他的問題，可是成為郭總統候選人之後就不能再罵別人，而是要自己先回答這些問題了！

25 臺灣經濟和產業發展真的岌岌可危嗎？

二〇一九年四月二十一日，郭台銘董事長在臉書上再次追問蕭美琴委員：「臺灣參加區域經濟合作的鑰匙在哪裡？」他說：「在民進黨執政下，中華民國對外經濟和貿易被邊緣化，經濟發展和產業岌岌可危。……因為他們認定我們與中國大陸是敵人，所以唯一的相處之道就是升高對立，所以他們認不清現實，臺灣參加區域經濟合作的鑰匙就是在北京。否則，以蔡英文所自豪的與美國如此親密又高度友善的關係，為什麼華盛頓沒有為我們解開參加經濟合作的僵局？」

郭董批評民進黨執政下，臺灣對外貿易被邊緣化，經濟和產業發展岌岌可危有根據嗎？事實上，蔡政府執政三年，臺灣對中港出口逐年增加，二〇一八年比二〇一五年增加近百分之三十。同期，向全世界總出口增長約百分之二十。根據世界貿易組織（WTO）的統計，二〇一八年臺灣出口仍維持在世界第十八名，進口規模則前進兩名，來到第十七名。郭董根據什麼說臺灣對外貿易被邊緣化？

蔡政府執政三年來，臺灣政府債務／GDP比率連年下降至百分之三十二，財政狀況為世界上最好的國家之一。而政府稅收占GDP約百分之十三，是世界最低之一。蔡政府執政以來，勞工的基本月薪連漲三次，共三千多元，超過馬政府八年漲幅總和。政府還給全民減稅，二〇一九年所得稅，全臺有五百四十二萬戶受惠。郭董根據什麼說臺灣經濟發展岌岌可危？

蔡政府執政三年，股市長期站在萬點之上，又有很多外商加碼投資臺灣，代表國際大公司看好臺灣未來。Google現在有超過二千五百位員工，未來將進駐遠東通訊園區，讓員工人數雙倍成長，讓臺灣成為發展雲端產業的基地。他們也推出「智慧臺灣計畫」，目標要培養一萬名AI人才，十萬名數位行銷人才。從二〇一九年開始，蔡政府推動「歡迎臺商回臺投資行動方案」，目前已有三十家廠商回臺，總投資金額突破新臺幣一千二百億元，帶來超過一萬個就業機會。現在，還有五十多家廠商，表達回臺投資的意願。郭董根據什麼說臺灣產業岌岌可危？

郭董說「臺灣參加區域經濟合作的鑰匙就是在北京」，其實，臺灣要加入這些國際貿易協議的關鍵鑰匙在臺北，而不在北京、東京或華府！

目前與臺灣有關的主要區域貿易協議有三個，由北京掌控的只有其中的區域全面經濟夥伴協定（RCEP）。這個協議由東南亞國家協會十國發起，由日本、中華人民共和國、韓國、印度、澳大利亞、紐西蘭六國參加，但談了快十年，還沒有達成協議。臺灣將來要加入，關鍵鑰匙是在北京。郭董如果代表國民黨選總統，會表態接受「九二共識，一國兩制」，而求得北京接納嗎？

另一個是跨太平洋夥伴全面進步協定（CPTPP），由澳洲、汶萊、加拿大、智利、日本、馬來西亞、墨西哥、紐西蘭、秘魯、新加坡及越南十一個國家簽署，已正式生效。臺灣要加入，關鍵鑰匙在東京。但是，由國民黨副主席郝龍斌和立委們推動的「反核食公投」卡住了臺灣加入的談判。郭董要選總統，會設法推翻這一公投結果嗎？

川普政府喜歡雙邊自貿協議，整體來說，臺美簽臺美自貿協議（FTA），對於臺灣經濟有很大幫助，還能達到示範效果，讓歐洲、日本等其他國家有意願跟臺灣簽署相關貿易協定。郭董要選總統，打算如何與臺灣人民溝通，進一步開放美牛、美豬，牛雜、內臟進口呢？郭董可以發脾氣罵蕭美琴委員聽不懂他的問題，可是成為郭總統候選人之後就不能再罵別人，而是要自己先回答這些問題了！

日前，郭董提出臺灣發展的二十字箴言「國防靠和平，市場靠競爭，技術靠研發，命運靠自己」。我與郭董有不同看法，我的二十字箴言是「和平靠國防，立國靠科技，發財靠市場，未來靠自己」！

和平靠國防：保衛臺海和平靠強大國防。郭董對和平與國防的看法因果顛倒，以為只要發展經濟，不要國防，就可以乞求和平。人類歷史有無數先例告訴我們，這恐怕是痴心妄想。

立國靠科技：科技創新才是立國之本。世界上的先進國家，研發支出占GDP的百分之三以上，以色列約百分之七，南韓百分之三點七，臺灣百分之三點一，臺灣企業研發投入還是太少。

發財靠市場：不畏競爭，開拓全球市場，才是發財之道。臺灣不能依靠單一中國市場，事實上，臺灣對中港的出口約占總出口百分之四十，其中一大半經富士康這樣的臺資企業加工後又轉出口歐美。從直接和間接的出口來看，美國才是臺灣最大的出口市場，占總出口近百分之三十。

所以，臺灣未來靠自己：臺灣的未來要靠二千三百萬臺灣人，不能靠北京。

26 郭董手上的金鑰匙，真是臺灣人民要的嗎？

據媒體報導，郭董最近一再強調，北京才握有臺灣走出去的鑰匙。郭董認為，臺灣不能參加各種地區型經濟合作組織，這個困擾是北京造成的，不是華盛頓。郭董指出，現在臺灣區域經濟涵蓋率低於百分之十，國際地位也比不過新加坡、日本，現在日本跟歐洲簽訂「日本與歐盟的經濟夥伴關係協定」（ＥＰＡ），雙方關稅互惠，郭董自身沒有差，因為他能以日本夏普的日商身分同享待遇，但其他臺灣公司就不行。郭董說參與區域經濟的目的是做貿易，而真正的貿易不是放幾個人來觀光、買芭樂，而是公公正正、堂皇地去參加區域組織、談稅的條件。

過去二十年，臺灣主要出口市場國家均積極參與區域經濟整合，與貿易夥伴相互取消關稅與非關稅障礙，並進行境內制度與規定的調和，使彼此間的貿易更加快速發展。為了避免FTA對非成員國的不利影響，臺灣應該爭取多簽署FTA的機會。但是，依照各國FTA對開放市場的要求，臺灣企業家和民眾應對國際上一般FTA開放市場的要求要有充分認知：即FTA是對等的，你和FTA夥伴相互大幅度或完全取消關稅與非關稅障礙，對臺灣經濟有利有弊，需要各界更多的討論。臺灣企業必須進行價值鏈革新，重新調整分工系統，思考今後應該在哪國生產、面對何種市場需求、如何開展產銷項目？

但是，郭董的世界以北京為中心，誤以為「北京才握有臺灣走出去的鑰匙」，並不符合臺灣對外貿易的現實。臺灣作為WTO名下的「臺澎金馬獨立關稅區」，一直在爭取「參加區域組織、談稅的條件」。蔡政府執政三年來，不顧北京反對，臺灣出口逐年增加，二〇一八年與二〇一五年相比，向全世界總出口增長約百分之二十。

郭董提到的日本與歐洲國家簽訂的EPA最近生效。這是日歐雙邊協議，臺灣無法參加，中國也無法參加。臺灣要與歐盟、日本、美國談判雙邊FTA，蔡政府已經在努力，並不需要北京同意。川普政府喜歡雙邊自貿協議，臺美如果能簽FTA，對臺灣經濟有很大幫助，還能達到示範效果，讓歐盟、日本有更高意願跟臺灣簽ＦＴＡ。但美豬開放議題將成為雙方談判的難點之一。郭董如果選上總統，打算如何與臺灣民眾溝通，開放美牛、美豬，牛雜、內臟進口呢？還是郭董只會問北京：「為什麼不讓我們參加、不給我們鑰匙。」

由日本主導的「ＣＰＴＰＰ」——跨太平洋夥伴全面進步協定，北京沒有發言權，臺灣要加入，關鍵鑰匙在東京。蔡政府組織了團隊去談判，但是，國民黨副主席郝龍斌和立委們推動的「反核食公投」卡住了臺灣加入ＣＰＴＰＰ的談判。日本外相河野太郎表示，如果臺灣因為這樣的事態而無法加入，將會令人非常遺憾。郭董如果選上總統，會站出來設法推翻這一公投結果嗎？還是只會問北京：「為什麼不讓我們參加、不給我們鑰匙？」

郭董為什麼會認為「北京才握有臺灣走出去的鑰匙」呢？過去三十年，郭董在中國與中共合作，壓低民工勞動成本和環保成本，利用臺灣的資金和人脈，打開美國市場，成為ＩＴ產業鏈全球化的最大受益者之一。富士康是廣東省首家建立中共黨委的臺資企業，目前，富士康共有十六個黨委、一千零三十個黨支部，在冊黨員、入黨積極分子三萬餘人，這些黨支部幫助郭董管理百萬名中國勞工。另外，中國對富士康大量補貼，根據「工業富聯」二〇一八年年報，該公司二〇一八年收到的「稅費返還」加「直接政府補助」約占它的淨利潤的三分之一。直接政府補助包括企業扶持資金、物流補貼、出口增量補貼、技術改造補貼。難怪郭董會把北京看作富士康發財的金鑰匙，可是，郭董手上的這把鑰匙，真是臺灣人民要的嗎？

27 為什麼郭董「國防靠和平」主張有致命缺陷？

四月二十八日，郭台銘在臉書上詳細闡述了「國防靠和平」主張，他的思想有三大致命缺陷。首先，郭董想當三軍統帥，卻分不清國軍的敵友。他說「我的主要用心，就是不捲入大國角力漩渦，中華民國才能排除戰爭風險，我們才有真正的和平與安全」。他說「神仙打架，凡人遭殃」我們看戲就好，何必入戲？

過去七十年來，中華人民共和國以消滅中華民國和國軍、剝奪臺灣人民自主權為基本國策。中共為實現這一國策不惜對臺灣使用毀滅性武力。而中華民國臺灣，因為臺美實質同盟關係的保護，才能生存到今天。所以，只要中共不放棄武統，臺灣就應該堅持親美國防路線，堅定站在自由民主陣營一邊，臺灣是不可能奉行「和平主義」，當騎牆派的。不是臺灣要「捲入大國角力漩渦」，而是中國天天想打臺灣，中國逼迫臺灣選邊站，郭董難道不懂嗎？

中華民國國家戰略的核心是臺灣安全，一九八五年十月二十一日，蔣經國總統告訴美國國家安全顧問克拉克：「對外來說我們永遠與美國站在一起，對內我們堅持貫徹民主憲政，這兩個基本原則，我們絕不改變。……為了維持臺海的安全，我們現在必須有計畫地堅強自己，使中共不敢隨意侵犯我們。維持自己的力量可以說是維持臺海安全最主要的條件，也是我們為什麼要向美國購買精密武器的理由。」蔣經國為臺灣設定的國家戰略今天仍然適用，加強臺灣國防實力，是維護臺海和平的必要條件。郭台銘不久前才在國民黨黨部向兩蔣遺像致敬，可是他轉身就背叛「經國路線」，真是「數典忘祖」！

其次，郭董分不清什麼是國際情勢的順勢和逆勢，卻想「擔任區域穩定的關鍵者，不會變成觸動兩大國軍事敏感神經的麻煩製造者」。近年來，中國經濟國進民退，威權盛行。習近平「黃袍加身」後，改變鄧小平的「韜光養晦」外交政策，推動「經濟擴張」和「軍事崛起」，視南海東海為內海、武力恐嚇臺灣、推銷「一帶一路」和中國發展模式，擴張勢力範圍。習近平才是區域穩定的「麻煩製造者」。而川普政府和國會視中國為侵蝕美國安全的戰略競爭對手，美國在亞太地區的核心利益是保證西太平洋航行自由、遏制中國吞併臺灣。面對美中「新冷戰」的國際情勢，臺灣應該加強與美國的共同利益，即遏制中國破壞亞太均勢，才能成為區域穩定的「關鍵者」！

近二十年來，中國以年均百分之十的速度增加軍事開支，打破臺海軍事平衡。但國軍仍然可以對共軍戰略目標進行威懾，中科院研發「雲峰飛彈」，射程可涵蓋北京，長程攻擊犀利精準！如果臺灣能量產一千枚，對中國的重要軍政目標能產生有效威懾，可破壞其犯臺行動的作戰節奏。「雄風三型飛彈」威力強大，射程可達四百公里，可成為「重層嚇阻」戰略的關鍵武器，應該盡快量產，數量至少一千枚。這些飛彈是臺灣負擔得起，又有自主技術，可獨立實施，關鍵是臺灣人民和國軍有沒有對中共武統反擊的決心。

郭董說：「你手上如果沒有刀、沒有槍，可能人家不會專門去打你！」他的和平主義思想，面對威脅，會讓臺灣人民和國軍在精神上先繳械投降，以為只要發展經濟，不要國防，就可以乞求和平。郭董不要求北京放棄武統，卻要臺灣人放下武器，真正用心是什麼呢？

最後，郭董「融入中美之間的尖端科技經濟鏈」的主張荒謬透頂。郭董一方面認為

「北京才握有臺灣走出去的鑰匙」，另一方面卻主張，如果他當上總統，會擴大臺灣對美國與其他先進國家的「戰略技術投資」，然後「讓我國融入中美之間的尖端科技經濟鏈」。

美中冷戰的核心是科技競爭，美國聯邦調查局局長最近公開說：「中國率先動員全社會偷竊，通過各種各樣的公司、大學和組織，盡其所能盜竊我們的創造。……為了達到目標，他們使用一套不斷擴大的非傳統方法，包括合法的和非法的，將外國投資和企業收購、網路入侵和供應鏈威脅等方式結合在一起。」他表示，在聯邦調查局幾乎所有五十六個地區辦事處，經濟間諜調查幾乎無一例外指向中國，而且調查涵蓋幾乎所有行業和領域。分不清敵友的郭董，還要去連結中美之間的尖端科技經濟鏈，不怕聯邦調查局將你當「共諜」抓起來嗎？

過去三十年，郭董與中共合作，壓低民工勞動成本，富士康是廣東省首家建立中共黨委的臺資企業，目前，富士康共有十六個黨委、一千零三十個黨支部，在冊黨員、入黨積極分子三萬餘人。中國對富士康經營大量補貼，郭董可以把北京看作是富士康發財的金鑰匙，但美國會信任郭總統去連結「中美之間的尖端科技經濟鏈」嗎？

28 臺灣廟小，能供得下郭董這個大菩薩嗎？

二〇一九年四月三十日，郭台銘董事長演說「美中貿易戰對未來臺灣經濟的機遇和挑戰」，這是一篇跨國大企業董事長對股民的演說，不是總統候選人對選民的演講。郭董胸懷全球，放眼世界，卻弄錯了自己在臺灣的定位。

郭董說「大國崛起所引發的科技競爭才剛開始」。他指出「未來科技發展及架構面向沒有 G20只有 G 2，就是美國、中國大陸競爭各自訂出來的規格標準，未來的世界將是 One world, Two systems」。郭董這些判斷是正確的，但是他不理解「新冷戰時期」美中關係與過去三十年「全球化時期」美中關係的本質不同。郭董認為，臺灣高科技業可以在美中科技戰中扮演重要角色，擔任世界供應鏈的核心。郭董承認：「某些敏感性產品美國會選擇在離大陸有『一臂之隔』的地方上生產、投資或與當地廠商合作，所以臺灣將是首選。」同時，郭董說：「中國大陸在歷經這次貿易戰，將加速發展其自有科技，在此過程中會對臺灣產生新的機會，不容錯過。」這種不分敵友，兩頭通吃的想法，也許來自於郭董過去三十年的成功經驗，但卻不符合「新冷戰」下，美中「堅壁清野」的新形勢。商人可以無祖國，總統卻不能分不清敵友。只要中共不放棄武統，臺灣就應該堅持親美路線，堅定站在自由民主陣營一邊，臺灣是不可以奉行「和平主義」，當騎牆派的。分不清敵友的郭董，還要去連結美中之間的尖端科技經濟鏈，美國會信任這樣的郭總統嗎？

郭董說：「我郭台銘希望可以有這個機會，帶著臺灣這一些我最尊敬、也是最辛苦的優秀農民們，結合我最熟悉的ＡＩ，一起進軍美國，去美國中西部做傳統產業、科技農業的投資，讓臺灣『優秀農民發大財』。」過去三十年，你郭台銘進軍中國，有帶著臺灣的工人發大財了嗎？現在要帶臺灣農民去美國發大財？請你不要唬弄臺灣老百姓了，先把威斯康辛州的面板廠蓋起來再說吧。

郭董說：「我這次會動念想要參選，有一個很重要的出發點，就是想要為年輕人做點事情。臺灣目前面臨到許多挑戰，如果臺灣領導人沒有做好面對挑戰的準備，未來年輕人將會活在一個絕望的臺灣！」過去三十年來，以郭台銘為代表的臺商，過度投資中國，過少投資臺灣，造成臺灣人均GDP增速放緩，年輕人薪資無法提升。郭董要選總統的話，必須清楚地告訴人民，他要怎麼吸引臺資回流，投資臺灣，創造本地就業，才能真正幫助年輕人。

在演說中，郭董一再強調他的「臺灣獲利、美國達標、中國轉型成功」的三贏目標。郭董要達成三贏目標，可以去選地球總裁。臺灣人要的是「臺灣優先，臺灣第一」的小總統，臺灣廟太小，供不下郭董這尊大菩薩。鴻海有百分之七十五的非流動資產在中國，卻只有百分之三點五的非流動資產在臺灣！鴻海有百分之八十五的雇工在中國，只有百分之一的雇工在臺灣！郭董，當選總統前，還是先把你在珠海投資九十億美元的芯片廠搬回臺灣吧！

29 郭董說臺灣經濟落後，對嗎？

「地球總裁」郭董於二〇一九年五月七日在臉書上說：「臺灣的問題就是政治改革已經往前走了三十年，執政黨也已經輪替三次，這當然是我們的驕傲。然而另一方面對於經濟來講，我們現在卻有點落後，越來越多人覺得生活很苦，年輕人買不起房子、不敢結婚生子，所以需要有人來帶動這條經濟的腿往前跨，讓它活絡起來，不再『腳麻沒感覺』。」郭董這說法，和韓神（韓國瑜）說「三個總統搞殘臺灣經濟」一樣，只是人云亦云，沒有具體的數據支持。

臺灣經濟經過上世紀近五十年的高速成長後，過去二十年增速下降，這是高基數下經濟發展的自然現象，沒有什麼特別落後的問題。過去二十年，臺灣人口出生率低，老齡化嚴重，也是經濟發達國家的普遍現象，除非學習新加坡或香港，大量開放移民進入，不然臺灣經濟不會再有上世紀那樣的人口紅利。

二〇〇〇年至二〇一七年，臺灣GDP從三千二百億美元增長到五千八百億美元，增長百分之八十，同期，國際投資淨資產從二千二百億美元增長到一萬一千八百億美元，增長五倍多。臺灣國際投資淨資產額全球排名第五，是GDP的兩倍多。近二十年來，國內投資不足，國外投資過度是造成臺灣GDP增速緩慢的主因，而這是由過去這些年全球產業鏈調整所帶動的，與臺灣政治民主化或藍綠政爭沒有實質關係。假如過去二十年臺灣還是國民黨一黨執政，郭董就不會去中國投資嗎？許多像鴻海這樣的企業，為了消減成本，減少在臺灣雇人而大量使用中國廉價勞工，壓低臺灣實質薪資的增長，才是臺灣經濟「落後」的關鍵。

二〇一七年臺灣人赴海外工作達七十三點六萬人（二〇〇〇年不到三十萬人），人數創新高，相當於臺灣內部工作人口的百分之六。若依工作地區分，赴大陸有四十點五萬人、占百分之五十五為居首位，東南亞百分之十四點八居次，美國排第三。這麼多勞力在海外工作，創造的是別國的GDP，但在計算臺灣人均GDP時，卻包括在分母中。

赴海外工作人數不斷創新高，也影響人均GDP增速。

二〇一八年，在全球近二百個國家中，臺灣總人口數，排第五十二位，國民淨財富（Net National Wealth）卻排名第十三位，前面十二個國家的人口都比臺灣多。二〇〇〇年至二〇一八年，國民淨財富從一點八六兆美元增長到四點零六兆美元，增長明顯快於GDP增速，是藏富於民的表現。現在，臺灣人均財富約五百三十萬元臺幣，反觀長年的競爭對手南韓，人均財富只有約二百六十萬臺幣。按國際標準來看，臺灣的貧富差距較小。

臺灣實行「小政府，大社會」的自由經濟體制，政府（中央加地方）財政收入占GDP比率很低，只有百分之十五，而美、日、中則是近百分之三十，西歐近百分之四十。同時，臺灣人對舉債很反感，所以政府長期債務只相當於GDP的百分之三十六，歐美國家大都在百分之一百左右，日本百分之二百五十。政府稅收少，負債又少，哪來的錢去發展公共建設？首富交很少稅，卻一直罵政府不會拚經濟，他如果當上總統，除非大舉徵稅或舉債，不然還是「巧婦難為無米之炊」。

臺灣經濟如何轉型升級？年輕世代相對剝奪感的問題怎麼解決？社會如何面對老齡

化？基礎建設的水準和速度怎麼提高？這些基本問題需要全社會來集思廣益，凝聚共識。

像郭董那樣，只會罵人是沒用的。

30／郭董公然說謊，會被黨委書記打臉嗎？

五月十八日，鴻海集團董事長郭台銘以「給年輕人養得起的大未來」為主題，向年輕族群公開演講。在回答問題時，郭董表示，鴻海絕對是百分之百自主經營，絕對沒有任何黨校，不會讓共產黨黨校做思想教育。郭董指出，大家對中國共產黨的結構可能不太了解，他們那邊優秀的學生都會加入共產黨，有幾萬黨員，那他們要開小組會議，鴻海只是把場地租給他們使用，他們不能過問公司經營。

可是，根據《南方日報》報導，二〇一八年七月九日，擁有一點六萬餘名在冊黨員的富士康科技集團成立集團黨校了！該校日前在深圳總部龍華園區幸福生活體驗園正式掛牌。據富士康科技集團黨委書記劉忠先介紹，新成立的集團黨校將以打造「四個二」

工程為方向，即抓好「兩個覆蓋」（黨組織全覆蓋和黨的工作全覆蓋），強化「兩個隊伍」（黨組織書記隊伍和黨建〔黨的建設〕工作指導員隊伍），發揮「兩個作用」（黨組織在企業員工中的政治核心作用和在企業中的政治引領作用），促進「兩個健康」（企業經濟健康發展和企業經濟人士健康成長），把富士康黨校辦成富士康黨建乃至深圳市「兩新」組織黨員教育培訓的主陣地。富士康科技集團黨校今後將及時組織黨團員學習上級黨組織重要會議、重要文件，定期輪訓黨員和各級黨務幹部，組織開展黨課教學和黨性教育，培訓要求入黨的積極分子，為各級黨組織培養黨性強、作風好、又具備現代企業先進管理理念和思維的骨幹力量。

其實，富士康集團中共黨委成立於二〇〇一年十二月十五日，截至二〇一八年，在全國各園區共建立十六個黨委、二百二十九個黨總支、一千零三十個黨支部，在冊黨員、入黨積極分子三萬餘人。根據《南方日報》報導，富士康集團是廣東省首家建立中共黨委的臺資企業，郭台銘對集團成立黨委持樂觀態度。二〇〇一年十二月十五日，郭董在黨委成立賀詞中說：「集團黨委的成立，是中國共產黨在新的形勢下鞏固和擴大階級基礎與群眾基礎的一個範例，也是集團創新局面的開始。」他還高度稱讚集團黨員幹部「踏實肯幹，積極進取」。

另據《人民日報》的「新聞特寫：黨委會的匾額格外醒目」所敘：「富士康集團經營層和管理層中大陸幹部比例不斷提高，他們之中大多數是中共黨員，這些優秀人才的高素質和出色表現起到很好的表率作用，在潛移默化中帶動了廣大員工，同時給來自臺灣的高層主管留下了良好印象。」

二〇一八年底，中共中央印發了《中國共產黨支部工作條例（試行）》，並發出通知，要求各地各部門認真遵照執行。為確實增強貫徹執行《條例》的思想自覺和行動自覺，十一月二十八日至十一月三十日，富士康鄭州園區黨委在全園區範圍內展開了學習貫徹《條例》全員輪訓。此次學習活動要求黨務幹部集中培訓後，在支部內積極展開學習，持續認真研讀《條例》內容，實現學習和宣傳工作在全園區「連軸轉」和「全覆蓋」的局面，努力把黨支部建設成為推動企業創新發展的堅強戰鬥堡壘。

另據新華社的〈我在富士康當書記〉報導，「作為非公有制企業黨組織，富士康黨建工作的切入點和落腳點在『創建幸福企業，推動企業生產經營和發展』。在保證黨員政治條件的前提下，把那些具有專業知識、技術過硬和業績突出者作為重點發展對象，把優秀的管理人員培養成黨員，使黨員成為企業建設的優質人力資源」。

二〇一七年，「人民政協網」報導，在推動先進企業文化建設上，富士康集團黨委引導企業投資九百五十萬元打造「幸福生活體驗園」，為員工提供包括居民服務中心、巧手工作坊、夢想孵化坊等多個活動空間的綜合性服務中心。

可是，郭董卻說富士康「絕對沒有任何黨校，不會讓共產黨黨校做思想教育」。郭董，謊話說過頭，劉忠先書記要找你去黨校上課了！

31／郭董當總統，鴻海漲到二百五？

鴻海是中美貿易戰最大受害者，過去兩年來，郭台銘董事長不聽蔡總統勸導，不肯回流臺灣，導致鴻海股價從一百二十臺幣跌到七十臺幣，大幅跑輸臺股指數，關鍵原因是郭董看錯了中美貿易戰的本質，為鴻海做了錯誤的戰略布局。

現在郭董要選總統，還要把臺灣人都帶入這個錯誤的布局中。最近，郭董一再強調其「臺灣獲利、美國達標、中國轉型成功」的三贏目標。還說目前中國要拚六穩：「但我認為要七穩，還要『穩臺商』，中國大陸出口前五十大有一半為臺商，所以兩岸攜手合作，一定能協助大陸市場產業轉型，創造雙贏。」郭台銘選總統，就是要幫助共產黨，不讓臺商逃離中國！

表裡一致，他這麼說，也這麼做。鴻海百分之七十五的非流動資產在中國，百分之三點五的非流動資產在臺灣！鴻海百分之九十的雇工在中國，百分之一的雇工在臺灣！二〇一八年六月，「工業富聯」在A股上市，郭董親自出面力挺，強調股票長期價值看好，未來可能會漲三十倍。一年後，「工業富聯」跌破招股價，中國股民欲哭無淚。二〇一八年九月，郭董決定在中國珠海推進芯片項目，投資達九十億美元，被列為中國最頂尖的高科技項目之一。新芯片工廠將於二〇二〇年開工建設，成為臺積電的挑戰者。二〇一九年初，郭董企圖整合鴻海集團的面板資源，推動深超光電A股上市，用心良苦，但執行相關計畫時，涉嫌損及群創小股東權益。可見，不顧鴻海小股東利益，不撤出中國，他反而加大投資中國，力拚「中國轉型成功」。

二〇一九年五月，美國將華為列入黑名單，實施制裁。六月，美國可能對最後三千億美元的中國商品課徵百分之二十五的關稅，鴻海處境可謂「雪上加霜」。作為全球最大的手機和平板電腦代工廠，蘋果占鴻海的營收近百分之五十，華為近百分之十，而組裝線絕大多數在中國。鴻海毛利低，淨利潤率只有百分之二點五，蘋果、華為或壓價或抽單，鴻海都會很慘。

鴻海總資產三點四兆臺幣，總負債二點二兆臺幣，其中流動負債近二兆臺幣，主要是欠供貨商的應付貨款。如果碰到蘋果、華為壓價或抽單，現金流會很不穩定，下游供貨商心急如焚。最近《財訊》採訪一位剛離職、主管網路通訊等相關業務的鴻海前主管，他分析自己觀察到的狀況，美國加百分之十的關稅，鴻海仍能在損益兩平邊緣；但如果美國把關稅加到百分之二十五，虧損狀況將難以避免。「任何一間EMS（電子專業製造服務）代工大廠，在中國都生存不下去！蘋果、戴爾、惠普、亞馬遜……全部無法在中國生產」，他認為，就算想把廠搬走，但中國急需工作機會、急需科技投資，中國政府恐怕未必願意讓鴻海搬家。

好在郭董有信心，會用念力救股價。趁著參選總統，他卸下董事長，只是少了名義上的責任，但對鴻海的實質影響力仍無庸置疑。身為鴻海的最大股東，他隨時可以回任，進可攻、退可守。目前全臺有八十萬鴻海股東，當郭董為了選總統，拋出「我不會再回去，百分之百」這句話時，大部分股民所想到的，恐怕是二〇一六年股東會上，郭台銘告訴所有小股東，他身體還不錯：「我要告訴各位，（股價）沒有做到二百，我不退休，好不好！」言猶在耳，二〇一九年五月二十七日，郭董在東森專訪中又說：「股價何時到二百元，我當選總統的話，就有機會。」所以我給他建議的競選口號就是「郭董當總統，鴻海二百五」！

32／郭董如何恢復軍公教被砍的年金呢？

最近，為了與韓國瑜爭奪退休軍公教的選票，郭台銘一再承諾當選後會恢復軍公教應有的福利。他表示臺灣各種勞退保、退撫基金之所以都面臨破產風險，根本問題就出在投資報酬率平均只有百分之二到百分之三，甚至還不時虧損。所以他提出成立「高報酬率的國家基金平臺」，以「保底抽成」的概念，委由專業的國際高手，將年金投資報酬率提高至百分之五到百分之六，解決破產問題。

「保底抽成」是中國私募基金公司騙散戶的集資概念，專業的國際退休基金管理公司是沒有提供「保底抽成」這種服務的。投資有風險，保底是騙局。過去幾十年，臺灣經歷過多次金融危機，當時如果有基金管理公司承諾「保底」，這些公司早就破產了。

近十年來，軍公教年金投資報酬率低主要是由銀行和國債低利率的大環境所造成的。年金安全性第一，流動性第二，報酬率第三，必然主要投資於銀行存款、國債和高級債券，不能主要投資於高風險、低流動性的創投基金或股票基金，更無法要求基金管理公司提供「高報酬率的保底」。在金融投資界，承諾「高報酬率又保底」的基金經理往往是騙子，郭董不會不懂。他一再公開提出這種概念，難免有騙退休老人選票之嫌疑。

其實，在蔡政府推動年改前，臺灣軍公教年金面臨破產風險是有其結構性原因的。考試院銓敘部於二〇一三年二月公布的資料顯示，軍公教各基金失衡年度分別為二〇一一年、二〇一八年及二〇二〇年，基金用盡年度分別為二〇一九年、二〇二七年及二〇三一年，其中尤以軍職退休基金最為嚴重。軍公教退撫制度的潛藏負債高達新臺幣八點五兆。

首先，臺灣公教平均退休年齡為五十五歲，軍人四十三歲，而OECD國家都在六十歲以上，臺灣勞工平均退休年齡也只有六十一歲。臺灣人口老齡化而勞動參與率嚴重偏低，與軍公教退休過早有些關係，五十五至五十九歲的勞動參與率，臺灣百分之五十五，韓國百分之七十二，日本百分之八十一，美國百分之七十八；六十至六十四歲的勞動參與率，臺灣百分之三十六，韓國百分之六十一，日本百分之六十五，美國百分之五十五。

其次，臺灣軍公教所得替代率平均百分之九十多，而OECD國家則為百分之五十五左右。所得替代率過高也是拖垮年金的重要原因。就平均數而言，全臺灣老師退休後每個月平均領六萬多元，而每個月領超過四萬元的退休公務員占領月退公務員的百分之八十四。

再者，臺灣人均壽命八十多歲，比幾十年前軍公教年金開始實行時增加了許多，而少子化問題嚴重，這就造成現職軍公教與退休軍公教的供養比率嚴重惡化，早已遠低於二比一，年金面臨入不敷出的問題。

最後，由於市場利率逐步降低，政府財政補貼軍公教「十八趴」優惠存款的利息差額逐年增加，年支出一千多億，占政府年度總支出約百分之四，而且金額越來越大。

現在，政府支出的百分之六十五用於人事，主要是現役軍公教薪資和「十八趴」補貼，許多地方政府更是不堪重負。這樣的結構性問題，無論誰當總統，軍公教年金都會破產，蔡政府的改革，只是將破產推遲了二十年。而郭台銘或韓國瑜當總統後，如果真的恢復年改前的軍公教待遇，那年金在他們任期內就會破產。到時，是全民買單，還是郭董買單呢？

33 韓國瑜還記得「經國路線」嗎？

二〇一九年七月二十八日，國民黨舉行全國代表大會，正式提名高雄市長韓國瑜代表國民黨參選二〇二〇年總統大選，韓國瑜也於現場發表二千七百字的演說。他聲稱，二〇二〇年大選是一場「攸關中華民國存亡、攸關我們臺灣下一代未來的生死鏖戰」。韓國瑜的致詞，充滿對兩蔣時代的懷念。可是，卻隻字不提「經國路線」。

什麼是韓國瑜忘卻的「經國路線」呢？「經國路線」的核心思想就是：反共親美和「中華民國臺灣化」。首先，蔣經國堅持反共立場，堅持親美外交路線，堅定站在自由世界一邊。一九八一年二月二日，蔣經國接見舒茲（後來出任雷根政府的國務卿）時，分享他對抗共產黨的經驗：「中華民國反共已有五十年的歷史，犧牲了成千上萬的生命，所獲致的血的教訓就是『你不怕共產黨，他就怕你，你怕共產黨，他就不怕你』，這是與共產黨作戰的唯一要訣。」一九八二年三月十七日，蔣經國接見雷根總統前國安顧問艾倫時說：「先總統蔣公，也是雷根的朋友，曾就外交方面指示本人一項原則，此即是與美國合作；為自由、為反共，堅決奮鬥到底，即使戰至最後一人。此乃我中華民國根本之原則與精神。本此，我國願與美國一起為自由、為反共而奮鬥到底。」韓國瑜口口聲聲說要「捍衛中華民國」，參加國民黨內初選前卻接連拜訪「中聯辦」和「國臺辦」，學習「一國兩制的成功經驗」，還與被郭台銘指控為「國臺辦狗腿」的紅統媒體綁得死死的，他對得起兩蔣在天之靈嗎？

其次，蔣經國提倡「中華民國臺灣化」。在推動《臺灣關係法》的制定過程中，蔣經國要求美國國會以「臺灣政府」這名稱來稱呼「中華民國」。一九七九年二月二日，蔣經國告訴「中美經濟協會」主席甘迺迪：「以中華民國立場而言，當然是能用正式國號最為理想，但為了實際情況的需要與最低限度，『臺灣當局』和『臺灣政府』是唯一能暫代的名稱。美國雖然視我國為『臺灣政府』，但我們將永遠自視國號是『中華民國』。為了『臺灣政府』一詞，在卡特的法案裡能予我法律實效及順利通過立法程序，我們希望這一修改上能堅持『臺灣政府』。」蔣經國於一九七二年六月出任行政院長後，加速推行「本土化」政策。一九八七年夏天，蔣經國說：「我來了臺灣四十年，我也是臺灣人。」這句感性的話是有其深遠政治意義的。

蔣介石去世後，臺灣六位總統的國家定位和國家戰略並沒有太大的差異，就是「獨立自保」而已，在堅持臺灣事實獨立基礎上，努力推進「中華民國臺灣化」。但是，韓國瑜背叛了這一「經國路線」，與紅統媒體結合，支持「和平協議」，不惜把臺灣帶上「一國兩制臺灣方案」的不歸路，他對得起兩蔣在天之靈嗎？

一九八六年十月，蔣經國在國民黨中常會上強調，國民黨今天所面臨的局面是「時代在變，環境在變，潮流也在變」，國民黨必須「以變應變」，但是萬變不能離其宗，「經國路線」的核心是「反共、親美、臺灣化」。反觀今日被韓國瑜綁架的國民黨，言必稱「中華民國」，卻不反共、不親美、不臺灣化，徹底拋棄了「經國路線」。

34 蔡英文「拚經濟」，韓國瑜「拚嘴砲」？

七月二十八日，韓國瑜在國民黨黨代表大會上，痛批「蔡英文執政三年，倒退三十年」，用詞極為聳動。韓國瑜去北京大學進修過，受中國共產黨的訓練，用語具煽動性卻一貫地顛倒黑白，遠離事實。國民黨幻想臺灣經濟能回到兩蔣時代的增長率不切實際，因為經濟發展的基數不同、人口老化嚴重，外加過去三十年產業鏈全球化，導致臺商對外投資過度，這都不是換總統就能輕易解決的問題。

相反地，蔡英文執政三年來，臺灣經濟穩步增長。受惠於美中貿易戰和蔡政府的政策，臺商回流投資熱情高漲。遠的不說，二〇一九年上半年，臺灣的整體經濟表現就是亞洲四小龍中最好的。主計總處於七月三十一日下午公布，由於出口及國內投資表現超乎預期，第二季經濟成長概估統計為百分之二點四一，遠高於五月預測的百分之一點七八，增加零點六三個百分點。二〇一九年上半年經濟成長率百分之二點零七。根據IHS Markit諮詢機構五月分的預測，二〇一九年香港的經濟成長率是百分之一點八，南韓百分之一點七，新加坡百分之一點四，臺灣可望以百分之二的成長率居冠。由於過去三個月美中貿易戰加劇、香港反送中運動以及日韓貿易糾紛，臺灣經濟下半年表現可能更勝其它三小龍：

（一）臺商回臺踴躍，本週將突破一百家企業，投資金額衝破五千億元大關，年度目標提前達陣，全年向七至八千億元邁進。有官員表示，倘若中美貿易戰未有停火跡象，向兆元叩關也並非不可能。這些回流投資，可以為臺灣帶來十幾萬個新的工作機會，而臺灣目前失業率已跌至二十年來最低。

（二）來自全球的訂單從二〇一八年下半年起明顯成長。二〇一九年上半年臺灣對美國出口年增率為百分之十七點四最為顯著，優於新加坡百分之九點五、南韓百分之七點二以及日本百分之三點八。電腦電子及光學製品業產值年增率升至百分之十六點五，其中網通設備產值年增百分之四十五點八，伺服器更大幅擴增四倍。

（三）根據移民署最新統計資料顯示，二〇一九年上半年各類交流目的來臺陸客總人數達一百六十六萬人次，較二〇一八年同期大增百分之二十八。但中共為了影響臺灣大選，宣布八月一日起停止自由行。

（四）在中美貿易戰影響與日韓摩擦增添不穩定性之下，亞洲科技股獲利普遍調降百分之五到百分之十，但反觀臺灣科技股只有調降百分之一到百分之五，相對穩定，上市公司獲利年增率估計逐季好轉，領先亞洲同業。二〇一九年前七個月，臺灣股市表現明顯好於中國、香港、南韓、日本和新加坡。

（五）國立中央大學臺經中心於七月二十九日發布七月消費者信心指數（CCI）為八十一點四八點，較六月回升一點六八點，回升至八十點以上，顯示消費者信心有趨向樂觀的態勢。

蔡英文「拚經濟」，韓國瑜「拚嘴砲」。韓國瑜用一套國民黨慣用的老舊劇本，即投靠中共權貴資本主義發大財，非常過時。蔡英文執政不力，可以公評，但選民指望韓國瑜可以救臺灣經濟，純粹是緣木求魚，痴心妄想。二〇一九年，臺灣經濟穩中求進，韓國瑜民調會節節下跌。

35／統獨是假議題嗎？

二〇二〇年的臺灣總統大選，主旋律再次是統獨的意識形態對決。放眼世界的民主選舉，像臺灣這樣，幾十年來由此單一議題主導的，絕無僅有。但是，自稱「第三勢力」的柯文哲主張「統獨是假議題」，宋楚瑜宣稱「超越藍綠」，本質上都是迴避中國企圖侵略臺灣的事實。事實上，媒體簡稱「統獨」是為了簡單易懂，真正區隔紅、藍、白、綠的，是兩岸關係處理原則，也是國家認同問題。與此同時，習近平強調「堅決挫敗各種製造『兩個中國』、『一中一臺』、『臺灣獨立』的圖謀」。「兩個中國」、「一中一臺」、「臺灣獨立」這三種東西，在臺灣內部有些差別，但在中共看來，都是一丘之貉，都要堅決反對。

韓國瑜曾說「天堂太遠，中國太近」，這話有道理。只要中共不放棄使用武力來統一臺灣，臺灣就永遠會有「亡國感」，會有「統獨之爭」，會有「藍綠惡鬥」，臺灣無法迴避這個問題。所謂的「第三勢力」鼓吹「統獨是假議題」，既不顧歷史，又脫離現實。

「統獨之爭」最根本的原因在於中共把統一作為其核心利益和基本國策。《中華人民共和國憲法》的序言說：「臺灣是中華人民共和國的神聖領土的一部分。完成統一祖國的大業是包括臺灣同胞在內的全中國人民的神聖職責。」中華人民共和國《反分裂國家法》第二條規定：「臺灣是中國的一部分。國家絕不允許臺獨分裂勢力以任何名義、任何方式把臺灣從中國分裂出去。」第八條規定：「臺獨分裂勢力以任何名義、任何方式造成臺灣從中國分裂出去的事實，或者發生將會導致臺灣從中國分裂出去的重大事變，或者和平統一的可能性完全喪失，國家得採取非和平方式及其他必要措施，捍衛國家主權和領土完整。」一九四九年以來，中國共產黨始終把解放臺灣、完全統一作為矢志不渝的歷史任務。

二〇一九年一月二日，習近平在《告臺灣同胞書》發表四十週年紀念會上說：「一九四九年以來，中國共產黨、中國政府、中國人民始終把解決臺灣問題、實現祖國完全統一作為矢志不渝的歷史任務。七十年來，我們把握兩岸關係發展時代變化，提出和平解決臺灣問題的政策主張和『一國兩制』科學構想，確立了『和平統一，一國兩制』基本方針，進而形成了堅持『一國兩制』和推進祖國統一基本方略。」他又說：「我們不承諾放棄使用武力，保留採取一切必要措施的選項，針對的是外部勢力干涉和極少數臺獨分裂分子及其分裂活動，絕非針對臺灣同胞。」由此可見，七十年來，中共一天也沒有停止過對「兩個中國」、「一中一臺」、「臺灣獨立」的鬥爭，只要中共一天不改變，臺灣永遠會有「統獨之爭」。這是中共要臺灣內鬥，不是藍綠要鬥。黨派鬥爭在任何民主國家都有，但他們沒有統獨問題。

柯粉反射性討厭統獨議題，他們的口頭禪是「不要談政治」、「國家願景、主權意識都是屁話」。這些人不去了解為何臺灣會有「統獨之爭」，只會倒果為因地說：「你看藍綠都在撕裂臺灣啦。」因此當藍綠在吵親中或反中議題時，這些人只會反射性地想「煩死了，又來了」。人類天生就不喜歡思考棘手問題，臺灣人卻被迫年復一年地煩惱同一個棘手問題，想翻白眼也是正常的。但是，正如顏擇雅所說：「這種厭倦卻很危險。厭倦帶來鬆懈，我們會忘了臺澎金馬七十年來一直獨立於中國之外，其實一點都不理所當然。要如何維持，也不是『未來的問題』，而是現在每天的問題。」厭倦談論統獨也許是人之常情，但鬆懈會導致對兩岸情勢的誤判。

韓國瑜有句話：「不要懷疑共產黨必須收復臺灣的決心！」我們可以再加一句：「不要懷疑共產黨統戰臺灣的威力！」臺灣的事實獨立因為中國經濟的磁吸效應而漸漸弱化。如今，臺灣就業人口已有十分之一在對岸，留臺工作者也有相當比例仰望中國市場的雨露，中國的黨國資本早已利用臺灣的自由市場登堂入室，藍營權貴爭當統戰代理人比比皆是。鬆懈造成無知，容易被錯誤訊息矇騙，就會像馬英九一樣，以為中國對統一「表現出迫切性」是展現大國自信。臺灣的統獨問題是年輕世代們遲早都必須面對的問題，也是全體臺灣人要做出的國家認同抉擇。

36／韓國瑜的「主權基金」政見可行嗎？

國民黨總統候選人韓國瑜在二〇一九年十二月二十五日的政見發表會上，拋出成立十兆元規模「中華民國主權基金」的政見。韓國瑜表示，當選總統後，他會成立中華民國主權基金，目前全球有三十個國家政府也成立了國家主權基金，所以他希望用十兆元的規模創建一個中華民國主權基金，像新加坡、馬來西亞、阿拉伯聯合大公國等國家一樣，在做全球產業布局的同時拉動臺灣內部產業。

針對韓國瑜的政見，國發會做了初步回應，提出「國際上主權基金的資金來源及投資目標多有不同，並非都以發展產業為主。因此，建議韓國瑜市長應該交待這十兆元主權基金的資金來源、投資目標、如何有效管理而不致發生類似馬來西亞主權基金醜聞案等之相關規畫，以利外界釋疑。」

韓國瑜將成立「主權基金」作為總統競選政見，引發全社會對此議題的重視，值得稱讚。不過，我對他拋出的十兆元規模卻有很大的擔心。臺灣央行現有外匯儲備達四千五百多億美元，拿出十兆臺幣，就占了全部外儲的百分之七十五，這個規模風險太大。

「主權基金」如果要「做全球產業布局的同時拉動臺灣內部產業」，就必然是一種流動性差的長線投資基金，而央行外匯儲備的第一要務是穩定臺幣匯率，支持臺灣金融體系穩定性，所以要保持高度流動性。

其次，臺灣國際收支順差受外資投資臺股波動影響很大。目前，外資持有臺股比重創新高，達到臺股總市值的百分之四十二，約市價五千六百億美元，超過央行四千五百億美元的外匯儲備。外資買超臺股當然是看好臺灣經濟，但股市波動性高，外資流入又隨時會受國際政治或金融事件影響而發生逆轉，央行外匯儲備也要隨時做好應對外資突然大規模撤資的風險。

再者，臺灣年進出口貿易總額超過六千億美元，其中進口二千八百多億美元，也需要央行外匯儲備的支援，來滿足進口商的購匯需求。

所以，我在〈如何解決臺灣經濟的三大結構性困境呢？〉一節中提出：「政府應該將外匯儲備拿出百分之十，即四百五十億美元，模仿新加坡『淡馬錫模式』，成立一個主權基金，主要投資支持『5＋2』的產業升級。這個基金要找美、歐、日三十家最大的創投基金管理公司，按產業成立三十個不同基金，讓他們去找國際資本市場融資。融來資金後，臺灣主權基金可以一比一配資，可達到九百億美元創投基金規模，一起去購買美、歐、日創新科技智慧產權，連結臺灣『5＋2』產業轉讓創新技術，推動技術商業化和創新公司上市。同時，臺灣主權基金可以要求這三十家創投公司在臺灣開辦公室，把臺灣創投基金管理行業升級和國際化。」

臺灣「主權基金」應該要做，但一開始規模不宜過大，累積了經驗後才可以逐步擴大。今天，國發會也表示，國發基金於二〇一六年七月成立「產業創新轉型基金」、二〇一七年八月成立國家級投資公司（臺杉公司），協助產業發展，現已有具體進展，未來如有需要，規模仍可調整擴大。建議可以將「主權基金」和「國發基金」合併，統一管理。當然，「主權基金」具體主管機構、運作模式、資金來源、投資目標、如何有效管理、央行與財政部和國發會的協調，都是值得社會和政府深入討論的問題。

第四章

關於中國經濟

37／習近平「債多不愁」嗎？

二〇一八年二月二十五日，中共宣布修憲取消習近平的任期限制，本該「普天同慶」，然而中國股市兩個月來卻下跌百分之十。四月十七日，央行超出市場預期，下調銀行存款準備率一個百分點，向市場淨投放四億人民幣流動資金，維穩意圖明顯，不過股市不領情，仍然跌跌不休，為什麼呢？

二十多年來，中國經濟的高速發展以大量舉債為基礎，可謂「債多不愁」。據國際貨幣基金（IMF）於二〇一八年四月十八日發布的全球財政監測報告，中國舉債規模從二〇〇一年的一點七兆美元，暴增至二〇一六年的二十五點五兆美元；同期的中國GDP從一點三兆美元，增至十一點二兆美元。而國際金融協會（IIF）早在二〇一七年中就指出，中國總債務已飆破GDP的百分之三百了。國際貨幣基金也認為中國是全球民間負債的「推動力」，包辦二〇〇八年以來全球民間債務增加總額的四分之三。二〇一七年中國債務增速雖已放慢，但總體水準還在上升。國際貨幣基金報告提到，中國的金融風險居高不下，中小銀行尤為脆弱，許多商業銀行的緩衝資本仍舊十分薄弱。中國股市因為擔心巨額債務會讓中國夢變成一場「黃粱惡夢」，所以才萎靡不振。

習近平「黃袍加身」後，最發愁的是中國債臺高築，因為終身主席，終身負債，無法推給下一任了。國際貨幣基金警告他，擴大財政支出以支持需求，已經不再是優先要務，現在迫切需要的是降低公、私部門的負債。因此，四月二日，習近平主持中共中央財經委員會第一次會議時，強調化解金融風險事關國家安全。他要求以結構性去槓桿為基本思路，分部門、分債務類型提出不同要求，把地方政府和國有企業槓桿盡快降下來，努力實現宏觀槓桿率穩定和逐步下降。然而，隨著金融去槓桿，中國經濟面臨兩個問題：（一）信貸和重工業的轉型能否低成本實現？（二）如果增長放緩，官方數據可以將它隱藏起來嗎？

習近平主張的產業結構調整、金融去槓桿化和地方政府財政約束的政策組合導致經濟急劇放緩。二〇一八年第一季，中國主要重工業產量大幅下降：紡織品產量同比下降百分之十三，水泥下降百分之十五，化肥下降百分之二十一，重工業資本設備下降百分之十，而新建築開工三月同比下降百分之七點八，這是自二〇〇八年十二月以來首次出現同比下降。同時，所有的信貸指標都以個位數水準增長，社會融資總額增長率是二〇〇二年該系列開始以來的最低水準。很顯然地，對於企業和銀行而言，流動性狀況急劇惡化，企業的融資需求無法滿足，央行因此被迫下調存款準備率，目前，存款準備率已經跌到二〇〇七年以來的最低水平。但由於金融槓桿率太高，國際收支盈餘基本為零，央行通過降準來增加銀行間流動性，導致人民幣兌美元匯率出現下跌行情，引發市場對人民幣貶值的關注。

中國信貸放緩已開始影響私人消費和房地產銷售。有跡象表明，家庭信貸正在放緩，三月的短期家庭信貸的增長僅為四百五十億人民幣，這是自二〇一五年以來的最小月度增長。房地產市場終於從頂峰下滑，全國價格指數顯示價格走勢趨緩，前六十大城市的交易數據疲軟，房地產需求勢頭正在消退。

不過，中國仍然公布強勁的二〇一八年第一季度的ＧＤＰ，企圖粉飾經濟數據，但這能否隱藏危機呢？二〇一八年四月十七日，國際金融協會發表「信貸與中國GDP困惑」的報告，認為中國決策者使用信貸收放來消除GDP數據波動。而股市也記得中國曾爆發過好幾個省GDP數據造假的事實，股市近期表現說明資本市場不好騙。

過去二十年，中國信貸、工業原材料和土地價格上升相結合導致經濟繁榮。現在，銀行減少信貸導致工業原料和房地產停止上漲，這一去槓桿過程對經濟的風險高不可測。習近平承諾到二〇二〇年完成經濟去槓桿化，對中國和中共來說可能是不得不為之，但對此附帶的風險，臺灣的政府和金融業有足夠的關注和防範嗎？臺灣經濟過度依賴中國，出口有近百分之四十銷往大陸和港澳。而金融業對中國的直接和間接風險敞口估計超過千億美元。臺灣監管當局應當加強審查金融業持有的中國信貸敞口，高度重視中國地方政府融資平臺和企業的貸款違約風險，協助金融業逐步對中國的信貸業務降溫。「你欠銀行一百萬，你怕銀行；你欠銀行一百億，銀行怕你」，所以欠債最大的國家，全世界的銀行都怕它。習近平也許可以「債多不愁」，但臺灣金融業傻等中國「戲院著火時，大家再一起跑」，就來不及了。

38／中國房地產泡沫何時破？

二〇一八年六月十九日，受到美中貿易戰加劇影響，中國股市重挫近百分之四，創二〇一六年六月以來的兩年新低。表面上看，這是股民對貿易戰的恐懼，實質上，這是股民們對系統性金融風險的深度擔憂。而當前中國最大的金融風險是房地產泡沫破滅。二〇一八年中國經濟數據不好，五月，工業增加值同比增長百分之六點八，一到五月固定資產投資同比增長百分之六點一，五月社會消費品零售總額同比增長百分之八點五，分別較四月數據回落零點二個百分點、零點九個百分點和零點九個百分點。消費增速大幅低於預期，為二〇〇三年七月以來新低。投資還得靠房地產，製造業投資小幅反彈，基礎建設投資回落較多，房地產投資累計同比增速百分之十點二，仍然是最快的。

自二〇〇三年「嚴重急性呼吸道症候群」（SARS）十五年來，中國一線城市的房價漲了近二十倍，但全國的GDP上漲不到七倍。據說，目前中國的樓市總市值已經超過了四百三十萬億人民幣，是GDP的五倍（超過全球平均值的一倍）。不過，如此高的房地產總市值，居民家庭債務占GDP的比重只有百分之五十，低於全球平均水準，這是否意味中國房地產槓桿率不高，不必擔心房地產泡沫呢？其實不然。

首先，在中國一線城市的家庭資產中，房產占比已經高達百分之八十五，幾乎誰都無法接受房價下跌。在二〇一五、二〇一六年的漲價去庫存操作中，暴漲的不只是房價，還有居民部門的槓桿率，居民負債急速上升，而中國房價對家庭戶均收入比率高得離譜。平均而言，市中心的房子，一線城市要四十多年的家庭收入才買得起，二線城市也要二十多年的收入。紐約、倫敦市中心的房子也不便宜，一般十五年才可以買到。高房價造成的後果，對實體經濟的傷害是不言而喻的。

其次，中國的宏觀槓桿率在過去十五年持續上升，中國總債務已飆破GDP的百分之三百了！二〇一七年以來，政府加強監管後，宏觀槓桿率開始調整了。但中國房地產企業的負債率卻再創新高，平均達到百分之八十。房地產行業槓桿率上升，現在還沒有調整的跡象。房地產銷售好時，開發企業的問題暫時不大，但是一旦房地產銷售放緩，現金流風險很快就會暴露出來。所以說中國去槓桿過程中最大的風險還沒有暴露，更談不上化解。

再者，過去十五年來，中國貸款餘額從十萬億增加到近一百五十萬億，是同期GDP增長的兩倍。中國貸款為什麼增加這麼多呢？房地產作為信貸抵押品起了關鍵作用。房地產價格和信貸相輔相成，相互促進，信貸發多了使房地產價格上升，帶來抵押品價值上升，這意味著銀行放貸能力就更強，這叫金融順週期。一個完整的金融週期是十五到十八年，中國的這次週期已近尾聲。房地產在國民經濟中產生的GDP近百分之十，但中國一百五十萬億的貸款中，有近百分之三十與房地產相關，二〇一六、二〇一七年，全國銀行新增貸款的百分之五十是房地產。房地產綁架了太多的金融資源，脫實就虛，金融資源沒有進入實體經濟，都在房地產。

當前，中國政府實施的金融去槓桿政策，企圖防止資金脫實向虛，但在投資者厭惡風險的背景下，如果過度清理銀行的表外融資和同業業務，會造成社會融資總量出現收縮，加劇了信用債的違約風險，並出現風險傳染。二〇一八年前四個月社會融資規模為七點一四萬億元，同比收縮一點一七萬億元，下降百分之十四，社會融資規模的下降使企業再融資難度上升，流動性風險加大。而還債高峰來臨與金融強監管的雙重壓力加劇了信用債的違約。二〇一八年估計信用債到期總量為五萬億元，占十七萬億存量的近百分之三十。如果去槓桿政策持續，債券融資一級市場發行大量推遲或取消，減少了企業的資金來源，就會引發信用債違約的惡性循環。

所有人都在擔心中國房地產這個超級泡沫，究竟會給世界經濟帶來什麼樣的後遺症。美國的次級債危機是怎麼觸發的呢？是聯準會在二〇〇四到二〇〇六年間連續十七次加息的結果，導致房價在二〇〇六年見頂後下降，使得家庭部門槓桿率在高位的基礎上急劇上升，觸發了猛烈的去槓桿動能，最終在二〇〇八年帶來系統性金融危機。而中國房地產的超級泡沫更像日本，雖然居民部門的槓桿率不高，但一九八九至一九九〇年日本央行加息後，房價在一九九一年見頂，隨後的下降開啟了企業部門的去槓桿過程。大批辦公樓、商場、高爾夫球場的開發商倒閉。

這次美國貨幣政策收縮和美中貿易摩擦加大了中國內部調整壓力。貨幣超發帶來了資產泡沫，全世界不存在沒有痛苦的去槓桿，沒有痛怎麼帶來調整呢？房價上升信貸擴張，房價下跌信貸緊縮，這是全世界都經歷過的泡沫破滅過程。六月中旬，不動產登記信息管理基礎平臺全中國聯網，誰有多少套房產，農民有多少承包地、宅基地，政府部門清清楚楚，如此一來，中國有產階級未來幾年可能會更焦慮、更痛苦了。

39／中國股市還會更低嗎？

二〇一八年上半年，中國股市下跌近百分之十五；從二〇一五年六月底以來，下跌近百分之三十五，在全球最大的二十個股市中表現最差！雖然中國GDP增速長期名列世界前茅，但股市卻很不爭氣。這是為什麼呢？

二〇一八年以來，新股發行以及「獨角獸」的上市與回歸，對市場資金面產生巨大壓力。臺資鴻海分拆的工業富聯融資二百七十二億人民幣，對股市負面影響不言而喻。長年來，中國股市缺乏財富效應，主要靠存量資金博弈。狂熱過後，中國股民發現，「獨角獸」是「毒角獸」，專吃股民韭菜：藥明康德從高位下跌百分之三十，工業富聯從高位下跌百分之三十，三六〇從高位下跌了百分之六十。而後續已過會的中國人保融資超過百億元、三六〇推出百億定增、農行推出超千億定增，以及BATJ、網易、小米今後將發行中國存托憑證（CDR），都對股市產生潛在的壓力。對這些「獨角獸」，二級市場需要近四千億元的資金來承接，顯然地，市場存量資金不堪重負。另外，美中貿易戰升級也加速了股市下跌。中國股民都明白，美國從中國進口五千億美元的商品，而中國只從美國進口一千三百億美元商品，要作出對等加徵關稅的反制是不可能的。

為了避免信用緊縮、緩和美中貿易戰的衝擊，中國人民銀行於二〇一八年六月二十四日宣布定向降準，釋出約七千五百億人民幣流動資金至金融系統。但是，此舉反而對股市產生負面的刺激作用，因為降準導致人民幣對美元貶值。市場認為這是貨幣當局在鼓勵人民幣快速貶值，有人喊出人民幣「二〇一八年大概率破七」，有人呼籲央行棄匯率保房價，這些說法又造成股民的恐慌。

短期來看，中國股市因超跌而技術反彈，中國人民銀行也會加強對流動性的管理和對市場預期的引導，既防止主動觸發新的風險，又防止金融強監管的預期出現鬆懈，這對穩定股市情緒有幫助。但中長期來看，中國股市前景黯淡。本質上，中國總債務已飆破GDP的百分之三百，誰都明白，這種依賴舉債的經濟發展模式無以為繼。中國政府被迫推動金融去槓桿，打擊影子銀行業務，導致眾多負債率高的企業融資困難。而且，中國企業創新能力不足、附加價值低，依賴廉價資金已病入膏肓，一旦資金緊張、利率上行，就會倍感壓力。雖然中國內需市場很大，但競爭也超級激烈，市場價格戰、帳期長、不誠信、管道成本高企、勞動力和環保成本上升迅速等等問題，導致中國市場大而不肥。此外，近年來，在不怕燒錢的電商衝擊下，實體企業的利潤狀態每況愈下。

因此，當美中貿易戰迫使中國企業更多地依賴國內市場時，企業的日子可能更難過。加上去槓桿壓縮了很多昔日可行的融資管道，使得整個金融的水池子不像過去那麼充沛。企業因轉型乏力，還得靠債務驅動，很多企業質押股權以借債。中國股市有一千六百多家公司質押股票，其中一千三百多家是非國有企業，最近股價都跌到平倉線以下，這些質押股票的帳面浮損約為人民幣一萬億。近期銀行股跌至估值底部，就是股民預期壞帳的一種表現。

最重要的是，中國房地產綁架了國民經濟。中國房地產產生的GDP只有百分之十，但全國銀行一百五十萬億的貸款中，有近百分之三十與房地產相關。二〇一六至二〇一七年，銀行新增貸款的百分之五十是房地產。由於國內外融資管道均收緊，房企回款

「壓力山大」，預計二〇一八年下半年房企資金面將越來越緊。過去三年，房企集中加槓桿擴張，借貸資金平均週期為二年，而房企負債率又創新高，平均在百分之八十以上。因此，二〇一八年下半年，資金到期集中兌付壓力加大，降準也救不了這些房企。

中國政府保匯率的負面影響是經濟崩盤，保房價的負面影響是通脹走高。在保匯率的模式下，緊縮政策會刺破資產價格泡沫，引發經濟衰退，可能需要十年來恢復元氣。棄匯率保房價表面上對經濟負面影響較小，因為匯率貶值預期得到集中釋放後會穩定下來，但通脹會走高，去槓桿前功盡棄。更嚴重的是，中國雖然有三萬多億美元的外匯儲備，政府和企業卻有二萬多億美元的外債，人民幣大規模貶值，會造成外資恐慌，導致中國企業，特別是房企，海外融資成本大增和管道收緊。這兩種情況都對股市很不利。過去七、八年，中國企業大舉在境外借低成本美元債務來投資國內房地產開發，情況和一九九七年亞洲金融危機前的東南亞企業類似，只不過規模大幾百倍。難怪，對亞洲金融危機記憶猶新的香港首富李嘉誠會從中國大舉撤資呀！

習近平可以對川普的貿易戰「以牙還牙」，卻無法對中國的債務危機「高枕無憂」。

過去十五年來，中國銀行貸款餘額從十萬億增加到近一百五十萬億，是同期GDP增長的兩倍。中國企業的巨額債務壓垮股市，迫在眉睫！李嘉誠跑了，你還不跑嗎？

40 中國外債泡沫危在旦夕嗎？

中國海航集團聯合創始人及董事長王健於二〇一八年七月三日在法國南方小鎮波尼約市「意外」從高處墜落身亡，引發全球矚目。海航被稱為中國最神祕的企業，近年來因為在全球瘋狂收購而債臺高築，也深陷中共高層權力鬥爭的傳言，遭到美國和其他國家監管機構的調查。二〇一八年六月，王健帶領公司高層前往習近平插隊的梁家河朝聖，穿軍裝、唱紅歌，向習近平效忠，卻還是難逃惡運。

廣受矚目的海航外債只是中國企業海外債務的冰山一角，如同從高處墜落的王健，中國外債如脫韁野馬衝向懸崖，危在旦夕！截至二〇一七年末，中國全口徑外債餘額為一萬七千一百零六億美元，較二〇一六年末增長二千九百四十八億美元，同比增長百分之二十點八，較二〇一六年末顯著提高了十八點五個百分點。從期限結構來看，中長期外債餘額占百分之三十五；短期外債餘額占百分之六十五，達一萬一千多億美元。從機構部門來看，廣義政府債務餘額占百分之十，非政府債務餘額占百分之九十。中國短期外債與外匯儲備的比例為百分之三十五，儘管這一指標在國際安全線以內，但目前短期外債的增長速度不降下來，潛在風險很快就會上升。尤其是未來中國經常帳大幅順差難以再現，小幅逆差反而成為常態，這種情況下資本帳的平衡就顯得尤為重要，否則人民幣匯率、資產價格都將承受壓力。

過去兩年，中國企業大舉境外融資導致中國短期外債增長過快。由於國內融資管道受限，部分企業選擇加大在境外發債、跨境貸款等融資力度，導致短期外債過度攀升。在美元持續走強的背景下，外債過度攀升的惡果明顯。當前阿根廷、土耳其等國家面臨貨幣貶值危機，就是因為這些國家有大量美元計價的外債。因此，市場對近年來中國短期外債餘額增長較快的局面特別敏感。

過去兩年，人民幣幣值穩定的預期和較低的美元融資成本是推動中國外債增長的主要因素。二〇〇九年以後，發達經濟體推出量化寬鬆，導致全球流動性泛濫。而在中國國內利率居高不下的情況下，廉價的離岸資金對中國企業具有吸引力，結果就是外債規模大幅增加。由於人民幣幣值穩定的預期，外債的期限結構呈現縮短趨勢，短期外債占比為百分之六十五，表面上，大半與貿易融資相關。實際上，部分貿易融資變相地參與了跨境套利交易。

雖然中國外債總體水準仍然不高，整體的償債能力也未受到明顯影響，但是，在人民幣貶值的壓力下，市場對未對沖風險敞口的短期外債感到擔憂。一般認為，中國大部分外債並未做套保。中國的借款人已經習慣了過去的準固定匯率，缺乏外匯對沖的專業知識；而政府長期限制國企進行外匯衍生品交易。據估計，如果一萬一千億美元外債中有百分之七十沒做匯率套保，那麼人民幣貶值百分之七將帶來約五百億美元匯兌損失；這對於持有相關敞口的企業而言可能是毀滅性的。川普對價值五百億美元的中國商品加徵百分之二十五的關稅已經讓中國股市跌得七葷八素了，如果人民幣匯率真的破七（過去一個多月已從六點三貶到六點七），後市不堪設想。

雖然短期債務在貿易融資等方面擁有諸多優勢，但它也將借款人置於展期風險之下。在市場動盪的情況下，大量短期債務集中到期，可能造成流動性緊張。一般而言，短期債務流動是順週期性的，對負面衝擊的反應很大，可能突然反向流動。在一九九八年亞洲金融危機中，短期債務融資的脆弱性有目共睹！特別是，中國經濟增長放緩已經削弱了企業的盈利能力，而這必將影響其償債能力。面對經濟前景的不確定性，投資者對債務展期可能變得謹慎，從而增加借款人的償債壓力。因為受人民幣貶值以及美元加息預期的影響，中國企業去境外發債的成本和風險都已顯著提高。

過去中國GDP成長靠的是舉債投資和出口拉動，現在美國開始提高關稅和施加限制，中國出口會遇到麻煩。中國總債務已飆破GDP的百分之三百，繼續加大負債無以為繼。中央政府不能讓地方政府和國有企業破產，就只能用通膨的方法來轉移危機。事實上，近兩年來，中國生產物價指數正以百分之五以上的速度上升。但是，用通膨來減低內債的泡沫，是一種自殺的辦法，因為貨幣貶值太多，外債泡沫就會破滅，情況和一九九七年亞洲金融危機前的東南亞類似。

臺灣經濟過度依賴中國，出口有近百分之四十銷往大陸和港澳。而金融業對中國的風險敞口估計超過千億美元。臺灣政府應當加強審查金融業持有的中資企業信貸敞口，高度重視中資企業的違約風險，協助金融業應對中國的金融危機。

41 中國外匯儲備夠嗎？

二〇一八年七月二十日，美國總統川普表示，如果需要的話，他準備好向所有從中國進口的五千多億美元商品加徵關稅。二〇一七年美國從中國進口商品達五千零五十五億美元，對中國的出口只有一千二百九十億。川普的表態標誌著美中貿易戰可能升級。與此同時，人民幣對美元匯率下跌至一美元兌換六點八人民幣，為十二個月以來的新低。從二〇一八年二月中旬以來，人民幣兌美元的匯率下跌百分之七點六。二〇一八年六月底，中國外匯儲備總額為三萬一千一百二十一億美元，依然位居全球第一。但是，抵抗人民幣下跌壓力，這點外匯儲備夠嗎？

根據外管局報告，二〇一八年六月末，中國外匯儲備餘額較二〇一七年末下降二百七十八億美元。而二〇一八年三月末，中國外債餘額為一萬八千四百三十五億美元，較二〇一七年末增加一千三百二十九億美元，增幅為百分之七點七七。其中，短期外債約一萬二千億美元。也就是說，中國外債越借越多，外匯儲備卻越來越少。二〇一五至二〇一六年期間，中國外匯儲備減少了一萬億美元。今天，外儲如果再下降一萬億美元，中國金融市場就會崩潰。

上半年中國出口同比增長百分之十二點八，進口同比增長百分之十九點九，貿易順差還有一千三百九十六億美元。可是，第一季末，中國經常帳卻出現逆差約三百四十五億美元。資本和金融帳順差七百三十二億美元，即第一季的國際收支平衡順差還有約三百八十七億美元，但是為什麼到六月末，外匯儲備餘額較二〇一七年末下降了二百七十八億美元呢？可見，中國國際收支平衡可能在第二季發生了逆差。

二〇一八年第二季以來，面對國內流動性緊縮的局面，資本流動成了中國經濟的存亡命門。商品貿易順差已連續八個季度同比收窄，進口增速持續快於出口增速。中國服務貿易十七年來持續逆差，服務貿易國際競爭力不強，進口服務需求上升，而資本外流也會加劇服務貿易逆差的擴大。不斷縮小的商品貿易順差和持續擴大的服務貿易逆差導致經常帳狀況惡化。

長期以來，中國資本帳順差，但這本質上是一種外債，是需要還的。而外商直接投資的流入速度早已大幅放緩，二〇一八年上半年，中國實際使用外資四千四百六十三億人民幣，同比增長百分之一點一。但是，美中貿易摩擦的不斷升溫和流動性緊缺導致的國內債務問題日益嚴重，如果未來外商預期翻轉，潛在影響非常巨大。特別在聯準會收縮流動性的大環境下，經常帳逆差持續擴大，如果內需市場萎縮，經濟動能下降，就會出現外資集體撤離的危險局面，造成人民幣持續貶值的惡性循環。

中國外匯儲備過度依賴對外負債融資來維持，在美元流動性收縮時受衝擊大。二〇一八年上半年，全國固定資產投資同比增長百分之六，但房地產投資同比增速近百分之十。許多外商直接投資是「出口轉內銷」的假外資，這些中資企業在境外借債，卻以外商直接投資的形式進入內地房地產市場，一旦境外債務成本大幅上升，這些假外資就無以為繼。中國短期外債約一萬二千億美元，估計百分之七十沒做匯率套保，人民幣貶值百分之十將帶來約八百四十億美元匯兌損失，這對於持有相關敞口的企業而言可能是毀滅性的。

美中貿易戰引發資本外流，外管局怎樣應對呢？二〇一八年六月以來，外匯市場波動，但從每天的個人結售匯以及非銀行部門跨境資金流動等數據來看，還沒有達到二〇一五至二〇一六年期間資金流出的水準，這同二〇一六年以來，外管局對微觀市場監管措施有關。外管局以反洗錢、反恐怖融資、反避稅等審查，實施跨境交易「留痕」原則，加強穿透式監管。但是，道高一尺，魔高一丈，外管局真能擋住資本外流嗎？

今天，中國抵抗金融危機的能力同十年前相比，弱了許多。中國經常帳和國際收支逆差會成為新常態，而十年前國際收支順差占GDP的百分之十。中國總債務已飆破GDP的百分之三百，而二〇〇八年只有百分之一百六十左右。如果考慮地方政府隱性債務，中國政府槓桿率為百分之六十二點二，已經超過歐盟警戒線標準。出來混總是要還的，這場發展盛宴不散的前提是信貸始終保持高速增長，但二〇一八年上半年，社會融資規模累計為九點一萬億元，同比下降百分之十七點九。去槓桿使許多企業失去了續命的資金，開始違約。順週期時，加投資、加槓桿千好萬好大家好；逆週期時，減投資、去槓桿、優結構則是千難萬難人人難。近兩個月來，中國市場趨於恐慌、債市違約、股市下行，企業叫苦連天。金融危機最終將逼迫中國政府選擇量化寬鬆，通過央行大規模購買國債來刺激財政支出，釋放流動性。當然，央行如果這麼做，人民幣就遠遠不只破七了，中國政府去槓桿的努力也會前功盡棄。前幾年歐盟和日本啟動量化寬鬆時，對美元匯率在短期內下跌了百分之二十五以上。現在中國央行對匯市的信心喊話，就像火災發生時，消防局卻廣播大樓沒火，這使在現場的人群會覺得消防不會出現，他們唯一的安全通道就只剩下跳樓了！

42／為什麼中國的銀行不值錢？

根據《二〇一八年財富世界五百強排行榜》，中國銀行業利用壟斷地位獲取超額利潤的問題仍然未變。美國上榜的八家銀行平均利潤九十六億美元，而中國十家銀行平均利潤高達一百七十九億美元，遠遠高於全部入榜中國公司的平均利潤水準三十一億美元。這十家銀行的總利潤更是占了一百一十一家中國上榜公司總利潤的百分之五十點七；作為對比，美國八家銀行總利潤僅占一百二十六家美國入榜公司的百分之十一點七。在世界五百強利潤榜上，前十名中有四家中國公司進榜，全部來自銀行業，分別是中國工商銀行、中國建設銀行、中國農業銀行及中國銀行。這些國營銀行這麼賺錢，可是中國股民卻不領情，其股票價格長期交易在資產淨值之下，也就是市帳率（Price/Book Ratio）

低於一，為什麼呢？

最近，被股民稱為國營銀行親媽的「央媽」（中國人民銀行），與所有國企爸爸的「財爹」（財政部），在媒體上公開吵起來了。中國人民銀行與財政部積怨已久，這次央行研究局局長徐忠引爆雙方的矛盾。他打臉「財爹」時，不小心披露了國營銀行不值錢的原因！

首先，在金融去槓桿背景下，國營銀行資本不足的問題被凸顯出來。徐忠指出，中國金融亂象反映的是整個體制的問題，銀行的槓桿是被動加起來的，是地方政府和國企規模擴張、槓桿率攀升的結果。但是，「國有金融企業的國有資本在很大程度上是不真實的，有的是自己為自己注資，有的注資早已消耗殆盡。之前的歷次注資，財政部並沒有真正掏錢，『特別國債』實際是在央行的幫助下『財政發債銀行買』、銀行自己為自己注資，沒有真正增強銀行吸收損失的能力。」徐忠的意思，就是國營銀行資本虛到不行！財政部根本沒有掏錢，純粹空手套白狼，通過發行「特別國債」注資，玩金融遊戲，考驗股民智商。銀行資本不足，順週期時可以矇混過關，但經濟危機時騙得了誰？

其次，財政部整頓地方政府性債務一推了之。高槓桿是中國經濟當前風險的集中體現，而地方政府的加槓桿行為是風險的源頭。如果考慮隱性債務，中國政府槓桿率為百分之六十二點二，已經超過歐盟警戒線標準。徐忠認為，財政部「在沒有理清楚政府與市場的邊界、財政與金融的邊界之前，將一些隱性債務推到政府債務之外，一推了之，這對化解風險本身沒有幫助。這種做法可能引發地方政府的道德風險，償債意願降低，將財政風險轉嫁金融部門，勢必增加金融機構出現壞帳的風險，甚至引發系統性風險。」地方政府債務損失要依靠銀行的資本來沖銷，嚴重弱化銀行小股東的地位和權益。

再者，「金融機構管不住地方政府的違規融資行為」。徐忠說，與地方政府相比，銀行相對弱勢，很難實質性審查政府融資平臺的資本金來源。地方政府也不公布政府資產負債表，財務訊息不透明，又沒有破產制度，銀行容易對政府背景的投融資項目產生剛性兌付的幻覺，金融市場的訂價規則和風險溢價完全被扭曲。另外，地方政府對利率成本不敏感，央行難以用利率調節地方政府的融資行為。其實，中國引入市場機制幾十年，市場運作最重要的資金成本約束卻還無法發揮作用。

中國的所謂積極財政政策，就是政府從銀行手裡要錢，借新還舊，變成貨幣擴張，本質是印鈔而不是財政刺激。地方政府的多數負債沒有直接記在財政上，政府的資產都對應銀行的貸款。央行水放出去了，壞帳就留在銀行裡，由小股東買單。這實際上是變貸為稅，政府無約束地從銀行拿錢，就是向股東抽稅，股民遭殃。

最後，國營銀行董事會治理水準低，缺乏專業性。徐忠指責財政部「光是派人、給國有金融機構當『婆婆』，不能改善公司治理」。可是，徐忠忘了，中共不是在所有企業中加強黨委領導嗎？黨委臨駕於董事會之上，國營銀行如何改善治理呢？

中國股民也不全是「冤大頭」，銀行股價長期交易在資產淨值之下，就是因為股民知道它們是無底洞。過去十五年來，銀行貸款餘額從十萬億增加到近一百五十萬億，是同期中國GDP增長的兩倍。這些貸款中，有近百分之三十與房地產相關，二〇一六、二〇一七年，全國銀行新增貸款的百分之五十是房地產。銀行無節制放貸的結果是劣幣驅逐良幣，房地產綁架太多金融資源，央行再放水也不會流入實體經濟，難怪股民不愛銀行股，不相信其利潤的真實性。

近年來，臺灣許多理財顧問、網紅、名嘴大力推動民眾去投資中國股市。可是，二〇一五年七月以來，中國股市下跌近百分之三十五，其表現遠遠差於臺灣股市！臺灣民眾如果聽了那些人的話去投資，就真的做了「冤大頭」。

43／中國房地產業在吃「最後的晚餐」嗎？

一年多來，中國有一百一十多個城市推出了二百七十多個房地產調控政策，可是，二〇一八年上半年，房地產市場在嚴厲的調控大潮中，不僅沒有降溫，反而更加火爆。六月全國七十個大、中城市的商品房價格，上漲的城市有六十二個，只有八個城市下跌。房價上漲最高達百分之十五，下跌最大的百分之二點二。房價漲幅排名前十的城市中，除西安外，其餘均是三、四線城市。二手房價每平方公尺超過萬元的城市近七十個，其中新增房價超過萬元的城市全部來自三、四線。可見，中國房價仍在普遍上漲，房地產泡沫越吹越大。

二〇一八年上半年，地方政府出讓土地使用權收入達二萬六千九百四十一億元，同比增長百分之四十三，增長主要來自三、四線城市。除了土地出讓金，房地產相關稅收的增幅也頗為可觀，契稅達二千九百七十四億元，同比增長百分之十六；土地增值稅三千二百三十一億元，同比增長百分之十點七；房產稅一千四百八十四億元，同比增長百分之六點九，加上其它相關各種稅收，合計九千七百九十九億元，再加上土地出讓金就是三萬六千四百七十億元。而地方政府其他收入是四萬四千六百四十二億元。數據面前，土地財政的重要性不言而喻。

中國政府是土地一級市場上唯一的賣家，而前往三、四線城市捧場的買家是誰呢？二〇一七年，全國五十家代表房企在三、四線城市拿地面積同比增長百分之一百四十五，樓面價同比增長百分之五十三點九。恆大長期堅守三、四線城市，全國各地都能找到許老闆用同一張設計圖造出來的房子。保利地產二〇一七年新進入的二十四個城市中，超過百分之九十是三、四線城市。碧桂園曾號稱要三、四、五、六線城市「全覆蓋」，下沉至人口在一萬人以上的所有城鎮。就這樣，越調控，蓋的房子越多，上半年商品房施工面積達七十一億平方公尺，是銷售面積近十倍，三、四線城市住房嚴重過剩是普遍現象。很多地方的房子，賣出了，居住的人卻非常少，空置率極高，鬼城隨處可見。

目前中國居民資產近百分之八十五在房地產上，居民槓桿率已超過GDP的百分之五十，居民負債占居民收入的比重超過百分之九十。二〇一七年全國新增居民貸款創下了七點一三萬億元的新高，占當年銀行全部貸款比例高達百分之五十二點七。二〇一五年以來，居民購買新房的金額近四十萬億人民幣（二〇一七年末中國GDP達八十二萬億人民幣）。當前，中國人均住房面積超過三十五平方公尺，已達發達國家水準，但人均GDP還不到世界平均水準。居民投資房產的資金成本是百分之五到百分之六，租金回報率是百分之二到百分之三，回不了本。特別是，三、四線城市近幾年人口增長緩慢，居民收入並未與房價比翼齊飛，「六個錢包」買房子，掏空了祖孫三代的口袋，透支了未來二、三十年的收入。

最近，SOHO中國董事長潘石屹表示，房地產具有三分之一的實體經濟屬性，三分之二的虛擬經濟屬性。中國的房地產市場「不取決於國土資源部，也不取決於住建部，只取決於人民銀行發多少錢」。潘石屹認為，央行發的錢多房價自然就上漲。可是，習近平不是在大力推動金融去槓桿嗎？國家不是在嚴格調控房地產市場嗎？

二〇一八年上半年，中國社會融資規模九點一萬億元，同比下降百分之十七點九，再創歷史新低，實體經濟融資感到絲絲寒意。表面上看，金融去槓桿取得成效，實質成果卻疑點重重，房地產仍然綁架太多金融資源。二〇一八年上半年，房地產貸款仍是新增貸款的最重要部分，占新增貸款百分之三十九點二。從銀行信貸來看（不包括表外理財），人民幣貸款餘額年增百分之十二點七，但房地產貸款餘額年增百分之二十點零四，個人住房按揭同比增長百分之十八點六。房產開發貸款和地產開發貸款同比分別增長百分之二十七點七和百分之七點一，增速分別較年初提高六個和十五點一個百分點。尤其是，上半年保障性住房開發貸款餘額四點零八萬億元，同比增長百分之三十七點四，增速明顯。棚改貨幣化為三、四線城市大量注水，截至二〇一七年末，國開行累計發放棚戶區改造貸款三點四萬億元，二〇一八年前五月，棚改貸款四千三百六十九億元，六月底，國開行收緊棚改貸款的消息讓房地產市場一陣驚魂，所有這些事實勝於中國政府的詭辯。

中國房企瘋狂買地時，恆大淨資產負債率在二〇一七年末已達百分之一百八十三點七，萬科的總負債超過一萬億元。二〇一八年第一季，一百三十家房地產上市企業整體負債率達到百分之七十九點四二，房企槓桿率處於歷史高位，遠超過國際公認的企業債務安全線。可是，截至二〇一八年七月中，中國房企發行的海外債券達八十六支，發行總額為七百二十點零七億元，比二〇一七年同期金額增長百分之二百四十七；房企在境內發行債券達五百六十六支，發行金額為四千五百六十億元，較二〇一七年同期金額上漲百分之一百四十六點二三，完全不受中國債市的熊市影響。

據說，在金融去槓桿的大背景下，中國央行鼓勵差別信貸政策，設想銀行會有更多的資金投入實體經濟。但實際的情況恰恰相反，即使銀行的資金少了，首先貸款的還是房地產，而不是實體經濟中的中小微企業。難怪有官員說，央行再放水也不會流入實體經濟。最近，央行前副行長吳曉靈針對中國房地產市場直言：「在泡沫中狂歡的日子不多了，做好潮水退卻後的準備是國家、每個人都要面對的現實。」狂歡了十幾年，這場瘋狂的盛宴一定會結束。因應「最後的晚餐」之後的情況，中國政府和資本市場準備好了嗎？

44 習近平能夠「又要馬兒跑，又要馬兒不吃草」嗎？

二〇一八年七月三十一日，習近平主持中共中央政治局會議，部署下半年的經濟工作。他要求政府「穩就業、穩金融、穩外貿、穩外資、穩投資、穩預期」，同時要「下決心解決好房地產市場問題，堅持因城施策，促進供求平衡，合理引導預期，整治市場秩序，堅決遏制房價上漲」。會議公報一出，中國股市應聲大跌，三天內，滬指跌幅近百分之五，創指失守一千五百點關口，人民幣匯率繼續走低，破六點九關口，自年初高點下跌了百分之十。中國房地產早就綁架了金融和經濟，習近平要「六穩」，又要「整治房地產」，簡直就是「又要馬兒跑，又要馬兒不吃草」，股民們不知其所謂，只能用腳投票，棄股而去了！

一般情況下，政治局會議不會討論房地產，如果討論，就是壞消息。過去，經濟下行時，政府總是放鬆調控房地產，最近，國務院常務會議發出貨幣寬鬆訊號，股市曾憧憬老把戲會重演。可是，這次習近平打臉國務院，主張收緊房地產政策，把市場上的放鬆預期澆滅了。房地產是防風險和去槓桿的重要環節，你李克強不得挑戰我習近平的底線！難怪股市反應激烈，股民們紛紛殺跌跳樓。

為何中國調控政策越多，房地產價格越上漲、泡沫越大呢？二〇一七年，各城市推出的樓市調控政策有一百一十三次，而二〇一八年上半年，推出樓市調控政策的城市有七十三個，推出限購政策一百三十五條，限貸政策一百七十六條，限購、限貸、限售、限價等行政性政策無奇不有。與此同時，地方政府出讓土地使用權收入達二萬六千九百四十一億元，同比增長百分之四十三，加上房地產相關稅收，約九千八百億元，共三萬六千四百七十億元，地方政府其他收入四萬四千六百四十億元，土地有關收入占地方財政收入百分之四十五，重要性不言而喻。

二〇〇八年以後的十年來，人民幣嚴重超發，廣義貨幣（M2）增速大大超過GDP增速，廣義貨幣從四十萬億上翻四倍至一百六十七萬億，而GDP在此期間累計上漲不到一倍，城鎮居民收入漲幅遠低於M2擴張幅度。過量的貨幣最終流入以房地產為代表的金融市場，滋生資產泡沫。二〇一八年六月末，廣義貨幣餘額一百七十七萬億元，約為同期GDP的兩倍、美國和歐元區的總和。房地產價格的惡性上漲，擠壓居民實際收入，造成財富再分配，使得貧富差距拉大。房價的理性回歸，是貧富利益關係調整，一不小心會變成重大的社會政治問題，但房地產的調整越拖越困難，代價與風險也越高。中共企圖用行政性手段對抗市場，卻保持流動性充裕，只能讓房價越調越漲，要「遏制房價上漲」是不可能的。

政治局會議後，習近平能解決房地產問題嗎？他強調市場預期管理，但是，要使房價預期出現逆轉，就得讓房價下跌。政府如果不用經濟槓桿從根本上去除買房賺錢的功能，那麼房價上漲預期是不可能逆轉的。習要房地產「只住不炒」，房價起碼得跌一半，才能回歸到世界平均的家庭年收入十倍左右。中國政府和銀行能承受房價跌一半嗎？二〇一八年上半年，人民幣貸款餘額年增百分之十二點七，但房地產貸款餘額年增百分之二十點零四，個人住房按揭同比增長百分之十八點六，房地產貸款占新增貸款百分之三十九點二。中國居民資產近百分之八十五在房地產上，居民槓桿率已超過GDP的百分之五十，居民負債占居民收入的比重超過百分之九十。二〇一五年以來，居民購買新房的金額近四十萬億人民幣（二〇一七年末中國GDP達八十二萬億人民幣）。銀行信貸發多了，房地產價格上升，帶來抵押品價值上升，銀行給房地產放貸就更多，這叫「劣幣驅逐良幣」，央行再放水也不會流入實體經濟。房地產綁架了中國的金融和經濟，習近平要「六穩」，不敢讓房價下跌，就不可能讓經濟去槓桿。

中國政府現在放水會導致擠泡沫、去槓桿的努力付諸東流，流動性不會定向流向實體，而會製造新的泡沫和槓桿。十年前中國全社會槓桿率只有百分之一百七十，現在達到百分之二百五十，而全球主要經濟體這個數字在百分之一百二十左右。從歷史來看，中國金融週期已進入重大轉折點，美國貨幣政策收縮和美中貿易摩擦只會加速房地產這個超級泡沫的破滅，給中國經濟帶來嚴重後遺症。

近日，國務院金融穩定發展委員會召開第二次會議，與政治局會議間隔不到一週。值得注意的是，金融委員會議未提及「去槓桿」，但強調金融風險。會議認為，長期積累的金融風險進入易發多發期，外部不確定因素有所增多，需要積極穩妥和更加精準地加以應對。特別值得重視的是，在流動性總量保持合理充裕的條件下，面對實體經濟融資難、融資貴的問題，必須重視打通貨幣政策的傳導機制。國務院常務會議、政治局會議、金融委會議連續召開，官話連篇、自相矛盾、進退失據，股民們受盡煎熬，痛苦不堪。

45 習近平躲了初一，躲得了十五嗎？

二〇一八年八月六日，大批P2P「網路借貸平臺」投資人從中國各地到北京請願維權，當局出動上千警力、上百輛大巴士阻止原定上午八點半舉行的集會。消息傳出，中國股市再創新低，P2P倒閉潮引爆金融危機，導致社會不穩定。

P2P是「peer to peer」的「網路借貸平臺」簡稱，是基於互聯網的創新金融服務，為借貸雙方提供媒合。二〇一二年習近平上臺後，中國政府大力加持「互聯網金融」，P2P快速發展，高峰時有六千五百多個平臺在營運，借貸總規模超過一萬五千億人民幣，發展成有中國特色的龐氏騙局和「次級債」泡沫。二〇一六年初，全國最大的網貸平臺「e租寶」被曝是龐氏騙局，九十多萬投資人七百億貸款血本無歸，多個城市受害者群情激憤、街頭抗議。二〇一六年八月，推延多年後，銀監會才推出《網路借貸信息中介機構業務活動管理暫行辦法》，以遏止網路借貸的「野蠻生長」。可是，銀監會只要求這些平臺作為中介，實施備案登記，卻對許多P2P沒有資本金、沒有撥備，用剛性兌付和高額利息誘惑投資人的公開行為視而不見。

經過兩年來的競爭淘汰，到二〇一八年六月底，中國還有一千八百多家P2P平臺在營運一萬億左右的借貸。第二季以來，P2P行業又爆發雪崩式的倒閉潮，六月一日至七月十八日，全國共有二百三十一家P2P出現了逾期、跑路、倒閉、經偵介入等情況，相當於每天有五家P2P出事爆雷。在市場恐慌情緒蔓延下，流動性壓力已經蔓延至全行業。成千上萬的投資人血本無歸，受害者超過百萬人。

為什麼P2P會出現全行業崩潰呢？表面上，中國P2P屬於民間小額借貸，借助互聯網技術將借款人和貸款人對接起來。本質上，很多P2P平臺是借新還舊的龐氏騙局。P2P在吸引貸款人資金時，靠的不是優質的標的資產，而是剛性兌付和高額利息誘惑投資人，拆東牆補西牆，只要資金鏈不斷裂，有新的貸款人衝進來，那麼遊戲就能繼續玩下去。但是如果宏觀環境發生變化，沒有新的血液輸入平臺，P2P就會倒閉或者跑路。

實際操作中，P2P平臺沒有資本金、沒有撥備，卻有無限的槓桿，政府關係好的老闆只需要幾百萬去註冊個平臺，就能做上百億的中介生意。中國的所謂互聯網金融，完全不符合金融監管邏輯，風險不可控，中介既不了解投資人，也不了解借款人，一有風吹草動，能不跑路嗎？

各種各樣的P2P平臺，無論是什麼樣的背景，其實都是鋪天蓋地打廣告說自己剛兌。許多P2P還在網站上主打「政府掛保證」，有國有資金投資，增加投資的可信度，營造政府背書的假象。許多投資人質疑，政府為何放任這些平臺打著國有名號招搖撞騙，毫無管控？其實，地方政府、國企和許多P2P平臺的關聯交易是半公開祕密，「互聯網金融創新」只是一種掩護，官商勾結、非法集資才是問題本質。

在去槓桿、嚴監管和防風險的大趨勢下，P2P行業爆雷毫不為奇。中國的整個資產體系裡，P2P資產質量太差，本質上類似美國的「垃圾債」和「次級債」，當經濟週期進入低谷時，借款人就會集體性違約。有些借款人甚至惡意賴帳，組團違約、寫負面資料、努力搞倒平臺，以達到無償占有資金的目的。

中國銀保監會主席郭樹清曾表示，在打擊非法集資過程中，要努力通過多種方式讓人民群眾認識到高收益意味著高風險，收益率超過百分之六就要打問號，超過百分之八就很危險，百分之十以上就要準備損失全部本金。一旦發現承諾高回報的理財產品就要相互提醒、積極舉報，讓龐氏騙局無處遁形。可是，郭樹清能撇掉自己的責任嗎？不正是由於政府監管失職，才造成P2P詐騙活動猖獗，釀成金融危機的嗎？業內人士估計，整個P2P行業最終將剩下一百家，關停的數量達現有的百分之九十五，幾百萬投資人會損失近萬億人民幣。

P2P倒閉潮引爆中國金融危機，背後還牽扯出一大批相關聯的私募基金。二〇一八年上半年，七萬億資產的私募行業風聲鶴唳，草木皆兵，「失聯」、「跑路」、「清盤」、「兌付危機」不絕於耳。八月八日晚間，中國基金業協會披露，自二〇一五年以來，已有四百八十二家機構被協會列入了失聯名單，其中一百三十五家機構已被註銷登記，一場更大的私募基金風暴正在蘊釀。

二〇一八年七月三十一日，習近平主持政治局會議，要求政府「穩就業、穩金融、穩外貿、穩外資、穩投資、穩預期」。會議公報一出，中國股市應聲大跌，四天內，滬指跌幅超過百分之五，創指失守一千五百點關口，人民幣匯率破六點九關口，自年初高點下跌了百分之十。中國投資人都知道，政治局喊「六穩」，現實中就是「六不穩」。P2P造成的「金融難民」發起自救運動，除了向警方報警，更串聯赴京上訪抗議，上週一，北京警方將上千人抓上巴士載到其他地方丟包。可是，出來混總是要還的，金融危機烽火連天，習近平躲了初一，躲得了十五嗎？

46 習近平能「以牙還牙」，大打貿易持久戰嗎？

最近，美國總統川普接連發文說，對中國進口產品加徵關稅的正面效應遠遠高於任何人的預期。他說，關稅打中了中國經濟，美國正在取勝，這是中國第一次在跟美國較量中沒占上風。川普特別指出：「中國股市四個月來大跌百分之二十七。而美國股市則空前高漲。」同時，針對中國的報復性措施，白宮經濟顧問庫德羅說：「他們的經濟疲軟，他們的貨幣走弱，他們的人民出走。」庫德洛警告「中國最好不要低估川普總統」，美國將很快組建一個聯盟，以應對中國「不公平貿易行為」。

八月十四日，被問及「中美貿易摩擦對經濟的影響」時，中國統計局發言人劉愛華表示，二〇一八年前七個月經濟運行保持了總體平穩，穩中有進、穩中向好的態勢，「中美經貿摩擦具體的影響還需要進一步觀察」。劉愛華強調，雖然影響存在著很大的不確定性，但是，從目前產業鏈全球布局的大背景下，單邊主義、貿易保護主義對國際貿易的影響，大家是有預期的。劉愛華表示，從人民幣本身來講，短期來看可能會受到各種市場因素、心理因素的影響，中長期來看，還是會回歸到基本面上來，在合理均衡的水準上保持基本穩定。

美國人說關稅打中要害，中國經濟疲軟；中國官員說，中國經濟「穩中有進、穩中向好」。到底中國經濟現狀怎麼樣呢？貿易戰對中國的經濟影響如何呢？事實上，中國國家統計局於八月十四日公布的七月經濟數據整體低於預期。中國一至七月規模以上工業增加值同比增長百分之六點六，增速較一至六月回落零點一個百分點；一至七月固定資產投資同比增長百分之五點五，創近二十年來新低，低於預期百分之六和前值百分之六；一至七月社會消費品零售總額同比增百分之九點三，低於預期百分之九點四和前值百分之九點四；七月零售總額同比增百分之八點八，低於預期百分之九點一和前值百分之九。七月經濟數據遜於預期，八月十五日，人民幣匯率和中國股市雙雙重挫，立刻打臉統計局發言人。

仔細研究官方公布的數據會發現，拉動中國GDP增長的固定資產投資、社會消費和外貿順差持續冷卻。固定資產投資堪稱中國經濟命脈，但二〇一八年一到七月僅成長百分之五點五，其中，國有控股企業投資只增長百分之一點五；港、澳、臺商投資下降百分之六點四，降幅擴大百分之一點三個百分點，港、澳、臺商人腳底抹油，跑得快！

而內企投資幾乎都集中在房地產，二〇一八年前七月，全國房地產開發投資六萬五千八百八十六億元，同比增長百分之十點二。房屋新開工面積十一萬四千七百八十一萬平方公尺，增長百分之十四點四。其中，住宅新開工面積八萬四千六百八十五萬平方公尺，增長百分之十八，但同期住宅銷售面積只增長百分之四點二。一至七月，企業土地購置面積一萬三千八百一十八萬平方公尺，同比增長百分之十一點三；土地成交價款六千六百一十九億元，增長百分之二十一點九。中國房地產開發投資明顯偏熱，擠走了其它所有的投資。

與此同時，零售業成長趨緩，個人消費走弱，債臺高築。二〇一八年七月，社會消費品零售總額三萬零七百三十四億元，同比名義增長百分之八點八（扣除價格因素實際增長百分之六點五）。一至七月，社會消費品零售總額二十一萬零七百五十二億元，同比增長百分之九點三（扣除價格因素實際增長百分之七，為多年來新低）。其中，消費品最大項的汽車零售已連續三個月負增長，而七月家用電器零售同比增長百分之零點六，難道中國人買了新房後不需要買家用電器裝修？

一至七月中國進出口總額十六點七二萬億元人民幣，同比增長百分之八點六；其中出口八點八九萬億元，增長百分之五；進口七點八三萬億元，增長百分之十二點九；順差一點零七萬億元，收窄百分之三十點六。二〇一八年第一季，中國經常帳負三百四十一億美元，二〇〇一年來首次錄得逆差，第二季也僅順差五十八億美元。貿易戰開打後，下半年，中國貿易順差會進一步下降，未來經常帳將持續逆差，對於經濟的拖累不可小覷。

中國央行數據顯示，受表外融資萎縮的影響，社會融資規模依舊沒有「起色」，七月社會融資規模增量為一點零四萬億元，比上年同期少一千二百四十二億元。七月末，廣義貨幣（M2）餘額一百七十七點六二萬億元，同比增長百分之八點五，增速比上年同期低零點四個百分點；狹義貨幣（M1）餘額五十三點六六萬億元，同比增長百分之五點一，增速比上年同期低十點二個百分點；流通中貨幣（M0）餘額六點九五萬億元，同比增長百分之三點六。當月淨回籠現金五十九億元。中國央行在經濟快速放緩時，為什麼淨回籠現金和收縮基礎貨幣的供應呢？顯然是為了穩定匯率而在賣美元、買人民幣，抽緊銀根，導致市場流動性惡化！難怪股市、債市、P2P爆雷不斷！

中美貿易摩擦的不斷升溫和流動性緊缺導致中國債務問題日益嚴重，資本市場和民眾對未來預期惡化。內需市場萎縮，經濟動能下降，港、澳、臺商和外資集體撤離。中國目前的就業結構中，與貿易上、下游相關的有百分之十五左右，就業受到影響，政局會不穩。中國經濟的體質這麼弱，習近平真能「以牙還牙」，大打貿易持久戰嗎？

47／中國「養老金」的窟窿有多大？

最近，中國股市疲弱，媒體就開始炒作「養老目標基金」入市新聞。其實，中國政府三天兩頭推出各種政策，「以房養老、延遲退休、遞延養老保險、鼓勵老人創業、養老目標基金」等等，說穿了，就是要中國人自掏腰包，而國家可以「甩鍋」，為養老保險「穿底」做準備。

二〇一七年底，中國政府主導的基本「養老保險」，為國民提供養老保證，覆蓋近九點七億人，占總人口的百分之七十。其中，全國城鎮職工養老保險覆蓋四點零二億人，城鄉居民養老保險覆蓋五點一二億人，機關事業單位工作人員養老保險覆蓋近六千萬人。

城鎮職工養老保險運行歷史最悠久，一九九七年以來，實行「個人帳戶」和「統籌帳戶」的「混帳管理」，個人帳戶統一繳費比例為職工工資的百分之八，繳費滿十五年並達到退休年齡者可以領取養老金；社會統籌部分由企業上繳，比例為職工工資的百分之二十。中國職工領取養老金的平均年齡為五十三歲，其中男性大約為五十六歲，女性還不到五十歲。養老金替代率為退休前工資的百分之五十至百分之七十，二〇一八年，全國職工基本養老金平均每月人民幣二千四百八十元。

中國養老體系歷史欠帳太多，形勢嚴峻。城鎮職工養老保險基金的收入和支出比，在二〇一一年達到峰頂，隨後迅速下降，從二〇一四年開始，養老金已經收不抵支，處於虧空狀態，而且缺口逐漸擴大。怎麼辦？只能由政府財政來直接補貼，以二〇一六年為例，當年城鎮職工養老基金收入三萬五千零五十八億元（包括財政補貼），增長百分之十九點五，基金支出三萬一千八百五十四億元，增長百分之二十三點四，累計結存三萬八千五百八十億元，比二〇一三年底的結存下降。二〇一六年的財政補貼達到六千五百一十一億元，二〇一八年上半年，財政補貼已達六千四百一十七億元。有媒體報導，職工養老保險基金缺口目前高達四點七萬億人民幣。真正精確的養老金缺口，按照公開的數據，難以直接計算。但是，有研究估算，未來十五年內，職工養老金缺口將近二十四萬億！甚至有研究指出，預計到二〇三三年，中國總體養老金缺口將達到六十八萬億元，相當於二〇一八年GDP的百分之八十。

為什麼職工養老保險缺口會這麼大？到底是誰製造了這個大缺口？首先，職工養老金有嚴重「空帳問題」。「空帳」就是現在很多個人帳戶內顯示有具體金額，但在實際領取時，是沒有錢的。這筆錢去哪了？政府拿去給上一代沒繳納養老保險的人養老了！中國自一九九七年開始實行職工養老制度，在此之前已退休的職工「老人」和不到十五年積累的在職職工「中人」，養老基金也需要支付。為解決企業（主要是國企中的「老人」和「中人」）養老金支付問題，甩開政府對國企職工的歷史負擔，社會保障機構就利用「混帳管理」的便利，直接挪用在職職工個人帳戶中的資金，不斷透支個人帳戶來填補社會統籌資金的不足，於是就導致了個人帳戶的空帳。

其次，中國養老金虧空，也和管理失當與貪腐有關，各地貪汙社保基金的案子層出不窮，成貪官「提款機」，最轟動的是二〇〇六年上海社保基金被挪用三百三十九億元的醜聞。有些地方財政挪用養老金亂投資，拆東牆補西牆。而政府讓養老金入市，目的是向股市「輸血」，資金風險很大。

再者，中國老年人口數量多，老齡化速度快。國際上，老齡化標準為六十歲以上人口占總人口數百分之十。預計到二〇二〇年，中國六十歲以上人口將增加到二點五五億，占總人口比重百分之十七點八左右。六十歲以上人口到二〇三〇年將達到三點六億，占總人口百分之二十五左右。十五歲以下人口占比下降，到二〇三〇年降至近二點七億，占總人口數百分之十七左右。三十年後，中國適齡勞動人口可能減少一點七億，即養老金的繳納人少了一點七億。撫養比將從當前的三個在職人員養一個退休人員，變成一點五個人養一個人。出生的人口越來越少，繳納社保的人越來越少，需要養老的人越來越多。所以，中國的養老金制度壓力逐年增大。

目前，中國養老金資產占ＧＤＰ比重約百分之五，與發達國家平均近百分之七十的差距很大。但中國全社會的負債率達到ＧＤＰ的百分之二百八十多，企業部門負債率為百分之一百七十，居民負債率為百分之五十五，如果用居民負債比居民收入，負債率則超過百分之九十，處於全球高水準。如果考慮地方融資平臺等隱性債務，中國政府槓桿率為百分之六十二點二，已經超過歐盟警戒線標準。如果考慮養老金大部分付給國企和機關事業單位退休人員，財政要為社會基礎養老金兜底的話，今後十五年的養老金缺口超過六十八萬億元，中國政府潛在負債率近百分之一百五十。

中國人「未富先老」，超前消費、負債累累，把子孫的錢先花了，難怪年輕人不肯生小孩。人口危機的根源在高房價、高物價與低收入的矛盾，隨著中國經濟的發展，長期一胎化政策的弊端逐漸顯現，二〇一七年中國出生人口為一千七百二十三萬人，比二〇一六年減少六十三萬。人口出生率為千分之十二點四三，比二〇一六年下降了千分之零點五二。面對年輕人口越來越少，老齡化不斷加速，「養老金」窟窿越來越大，養老成為中國人焦慮的話題。

48 中國為什麼也搞「軍公教年改」？

二〇一八年七月一日，臺灣軍公教年金改革同步上路。據中研院學者林泉忠披露，中國智庫正在研究每年砸百億臺幣補貼臺灣軍公教因年改所縮減的差額，希望藉此來籠絡人心。軍公教要接受相關補貼，必須簽署「擁護一中原則」同意書。對此，臺灣反年改團體發言人李來希說，連中國都注意到臺灣因為年改產生的亂象，而有心要協助，但光是取消「十八趴」，軍公教就被砍掉了四百億臺幣。如果李來希注意到中國軍公教的養老問題有多嚴重，就會知道與中國政府討價還價有多麼靠不住。

早在二〇一五年一月，國務院就發布了《關於機關事業單位工作人員養老保險制度改革的決定》，但是，受多重因素限制，這項改革進展緩慢，困難重重，預計二〇二〇年才能初步完成。長期以來，中國機關事業單位實行與企業不同的養老「雙軌制」：

（一）養老保險金固定。一般以退休前最後一個月的工資為基數按一定比例計發。

（二）保障水準高。實際替代率達百分之九十，遠高於企業的百分之五十至百分之七十。

（三）個人不繳費，完全由財政負擔。中國機關事業單位分布領域廣、數量多，隊伍龐大，有四千多萬現職人員和一千八百多萬退休人員（包括已退役的軍官）。這些人不繳費而享受高水準的退休金，是企業養老金的二至三倍，權利與義務不對應，同工不同酬，成為社會矛盾的焦點。長此以往，政府財政不堪重負，所以急著要「甩鍋」，不再讓人吃財政飯了。

中國政府要機關事業單位建立與企業相同的養老保險制度，要求參保單位和個人分別繳納工資總額的百分之二十和百分之八，參加統籌調劑和存入個人帳戶中，繳費滿十五年並達到退休年齡者可以領取養老金，計發辦法採取「新人新制度、老人老辦法、中人逐步過渡」的方式。「老人」是指改革前已退休的人員，他們的原待遇維持不變。「中人」是指改革前參加工作、改革後退休的人員。他們沒有繳費的工作年限「視同繳費年限」，但設定一定期限的過渡期，原有待遇基本不變。「新人」是指改革後新參加工作的人員，這些人最倒霉，因為政府會利用「混帳管理」的便利，直接挪用「新人」個人帳戶中的資金，來支付「老人」和「中人」養老金，彌補社會統籌資金不足。

為確保改革順利，政府還規定，在基本養老保險的基礎上，機關事業單位應當為工作人員建立職業年金，按本單位工資總額的百分之八繳費，個人按本人繳費工資的百分之四繳費。希望此舉保障改革人群的新養老金水準不低於現有水準。政府指望，如此一來，「體制內人員」以前完全吃財政飯，變為單位和個人繳費、財政兜底的多管道籌資，形成單位、個人、政府共擔的新機制。

理論上，改革後，養老金將按照本人歷年繳費多少、繳費期長短來計算。所以繳費越多，待遇水平越高；退休越晚，計發月數越少，即除數越小，因而待遇水準越高，就是「多繳多得」、「長繳多得」的意思。但是，從非繳費型的退休金制度改成繳費型社會養老金制度後，這些人員等於每個月的可支配工資少了百分之十二。

改革後的新制度依然存在很多問題，長久以來，機關事業單位與企業的「雙軌制」，權利與義務不對應，一直備受老百姓議論，改革後，機關事業單位與企業制度類似，但養老金水準還是企業的二至三倍，企業退休職工對此強烈不滿。

最突出的問題還是巨大的隱性債務，由於「老人」和「中人」的過渡養老金全部或部分沒有個人積累，所以都要從「新人」和單位繳納中支付，本質上是政府將財政負擔拋給了「新人」！是現在向未來透支，是老一代向年輕一代透支！中國的職工養老保險基金已經運行了二十年，缺口仍然高達四點七萬億人民幣。

未來二十年內，職工養老金估算缺口二十四萬億元。機關事業單位工作和退休人員雖然只有近六千萬，但平均養老金是職工養老金的二至三倍。而且，職工養老金開始時只覆蓋幾千萬國企職工，後來才逐漸把年輕的民企和外企職工加進去，規模擴張了近十倍，就像龐氏騙局，新人的基數做大，容易分攤老人的透支。機關事業單位人員沒法做類似的擴容。另外，新基金開始運作時，單位人員老齡化情況要比二十年前的職工嚴重得多！很快地，撫養比將從當前的兩個「新人」養一個「老人」，變成一個養一個，導致未來二十年基金缺口也不下幾十萬億。

目前，如果考慮地方融資平臺等隱性債務，中國政府槓桿率為百分之六十二點二，已經超過歐盟警戒線標準。如果政府為社會基礎養老金兜底，今後十五年的缺口估算超過六十八萬億元，即政府潛在負債率將近百分之一百五十。未來，中國政府要解決這麼大的缺口，無非就是延後退休年齡和降低養老金替代率。對中國軍公教來說，不但退休年齡不在自己掌控之內，養老金也不會是想象中的數字，國家靠不住，兒子靠不住，自己的養老金帳戶也靠不住，哪裡輪得到臺灣的「李來希們」來靠呢？

49／中國居民一百一十三元養老金怎麼活？

二〇一四年，中國政府決定合併「新型農村社會養老保險」和「城鎮居民社會養老保險」，建立全國統一的城鄉居民基本養老保險制度，「年滿十六週歲（不含在校學生），非國家機關和事業單位工作人員及不屬於職工基本養老保險制度覆蓋範圍的城鄉居民，可以在戶籍地參加城鄉居民養老保險」，年滿六十週歲、累計繳費滿十五年，且未領取國家規定的基本養老保障待遇者，可以按月領取城鄉居民養老保險待遇。截至二〇一七年十二月底，城鄉居民養老保險參保人數為五萬一千二百五十五萬人，其中，領取待遇人數為一萬五千五百九十八萬人，月人均基礎養老金一百一十三元。目前，城鄉居民基礎養老金全國最低標準為單月七十元，這一標準是在二〇一五年從五十五元的基礎上調整並執行至今的。政府的目標是在二〇二〇年，建成統一規範的城鄉居民養老保險制度，打破城鄉壁壘、實現城鄉公共服務均等化。

城鄉居民養老保險待遇由基礎養老金和個人帳戶養老金構成，支付終身。個人帳戶的繳費標準設為每年一百元至二千元十二個檔次，個人繳費額非常低，地方財政按照個人繳費檔次做相應的補助，使城鄉居民繳費有了同等的自主選擇權。這個制度的主要特點為：（一）基金籌集以個人繳費為主、集體補助為輔，國家政策扶持，突出自我保障為主的原則；（二）實行儲備積累，建立個人帳戶，個人領取養老金的多少取決於個人繳費的多少和積累時間的長短。除了國家支付的基礎養老金，政府強調「長繳多得」、「多繳多得」的激勵機制。

政府對符合領取城鄉居民養老保險待遇條件的參保人全額支付基礎養老金，主要來自於中央財政的轉移支付，其次才是地方財政拿一部分，而集體組織配套的資金微乎其微。其中，中央財政對中西部地區按中央確定的基礎養老金標準給予全額補助，對東部地區給予百分之五十的補助。但是，二〇一七年十二月底，領取養老金的一萬五千五百九十八萬人，人均基礎養老金每月一百一十三元，人均個人帳戶每月只有十二元！一億五千多萬老人月領養老金一百二十五元，怎麼活？

城鄉居民基本養老保險基金現在有多少錢呢？截至二〇一六年底，基金累計結餘五千三百八十五億元，也就是五億多參保人人均一千元出頭，而這些人中，有一點五億多人已開始領錢。可見，這個制度建立四年，已面臨嚴峻的挑戰，加速發展的人口老齡化、政府財政補助少、支付水準低、統籌層次低、隱性債務和個人空帳、基金難以實現保值增值等等問題，已使這個制度一起步就力不從心。而農村傳統的「家庭養老與土地保障」功能日趨退化。這個制度本質上，是強迫五億窮人長期儲蓄的制度，政府補貼非常有限，並不能保障這些人的基本養老所需。

目前，中國政府主導的基本「養老保險」，覆蓋近九點七億人，占總人口的百分之七十。但是，三大養老保險制度，城鄉居民、城鎮職工、機關事業單位，還處於分割狀態，不同群體間的基礎養老金差別巨大，相比城鎮職工人均每月二千四百八十元，城鄉居民人均每月只有一百一十三元，而機關事業單位又比城鎮職工高出二至三倍。貧富差距過大早就是中國社會的重要問題，基尼係數（Gini coefficient）接近零點五，遠超零點四的國際警戒線。這種基礎養老金的「三軌制」將中國人的貧富差距越拉越大，不利於社會公平原則和社會穩定。而且，中國政府推動到二〇三〇年實現普通職工和一般居民六十五歲領取養老金，領的越少的人會越晚領到，這是有中國特色的社會主義制度！

今天，中國的城鄉居民、城鎮職工、機關事業單位的三大養老保險制度都存在巨大隱性債務，由於「老人」和「中人」全部或部分沒有個人積累，都要由「新人」支持，本質上是政府將財政負擔拋給「新人」負擔！現在，這三大基金已經沒法像過去二十年城鎮職工基金那樣擴張來分攤負擔。另外，老齡化情況卻比二十年前嚴重得多！到二〇三〇年，六十歲以上人口將達到三點六億，占人口總數的百分之二十五左右。十五歲以下人口占比下降，到二〇三〇年降至百分之十七左右，近二點七億人。撫養比狀況嚴重惡化，導致未來基金缺口越滾越大。

中國養老金全國統籌這一政策目標雖然已經提出多年，但是連省級統籌也沒能完全實現。全國統籌的主要阻力，在於中央與地方之間的利益博弈。養老基金結餘集中在東部幾個省市，中西部有近二十個省級單位基金徵繳收入抵不上支出。地區出現養老金收支缺口，需要中央財政轉移支付進行發放。由於未實現全國統籌，中央不能調節使用。

中國養老金虧空，也與管理失當和貪腐有關，而中國資本市場發展不健康，養老金長線保值增值困難。習近平「黃袍加身」後，最發愁的是中國債臺高築，終身主席，終身負債，他無法將養老金幾十萬億的虧空推給下一任了！

50／貿易戰會引爆中國經濟危機嗎？

二〇一八年春天以來，隨著經濟下滑和美中貿易戰，中國金融市場動盪，自一月高位，人民幣貶值百分之十，股市下跌百分之三十，創四年新低。針對股市重挫，十月二十日，國務院副總理劉鶴承認，經濟「在內外因素的共同作用下，歷史上積累的一些風險和矛盾正在水落石出」。

中國經濟的哪些風險和矛盾正在水落石出呢？首先，二十年來經濟的高速發展以大量舉債為基礎，可謂「債多不愁」，但這種發展模式無已為繼。據國際貨幣基金（ＩＭＦ）二〇一八年四月十八日發布的報告，中國舉債規模從二〇〇一年的一點七兆美元，暴增至二〇一六年的二十五點五兆美元；同期的ＧＤＰ從一點三兆美元，增至十一點二兆美元。高槓桿是經濟當前風險的集中體現，而地方政府的加槓桿行為是風險的源頭。如果考慮隱性債務，中國政府槓桿率為百分之六十二點二，已經超過歐盟警戒線標準。二〇一八年四月初，習近平曾承諾到二〇二〇年完成經濟去槓桿化，但最近政府已悄悄將「去槓桿化」改為「穩槓桿率」，長期吸菸上癮的人，要戒菸是很困難的。

國際貨幣基金報告，中國金融風險居高不下，中小銀行尤為脆弱，許多商業銀行的緩衝資本仍舊十分薄弱。二〇一七年底，國有企業資產總額一百八十三點五兆元人民幣，負債總額一百一十八點五兆元，國有資本及權益總額五十點三兆元，資產負債率百分之六十四點五。國有金融企業資產總額二百四十一兆元，負債總額二百一十七點三兆元，形成國有資本十六點二兆元，資產負債率百分之九十，資本槓桿率近十五倍。央行研究局局長徐忠國公開說：「國有金融企業的國有資本在很大程度上是不真實的，有的是自己為自己注資，有的注資早已消耗殆盡。」銀行資本不足，順週期時矇混過關，經濟危機時騙得了誰？

其次，當前中國最大的金融風險是房地產泡沫破滅。在貨幣超發的大環境下，十五年來，中國貸款餘額從十萬億增加到近一百五十萬億，是同期GDP增長的兩倍。這些年，房地產價格和信貸相輔相成，相互促進，信貸發多了房地產價格上升，帶來抵押品價值上升，銀行放貸能力更強，這叫金融順週期。房地產在國民經濟中產生的ＧＤＰ占百分之十，而中國一百五十萬億的貸款中，卻有近百分之三十與房地產相關，二〇一六、二〇一七年，全國銀行新增貸款的百分之五十是房地產。房地產綁架了太多的金融資源，脫實就虛，金融資源沒有進入實體經濟，都在房地產。居民資產近百分之八十五在房地產上，居民槓桿率已超過ＧＤＰ的百分之五十，居民負債占居民收入的比重超過百分之九十。中國人均住房面積近四十平方公尺，是發達國家水準，但人均ＧＤＰ還不到世界平均水準。投資房產的按揭成本是百分之六，租金回報率卻不到百分之三。房地產價格的惡性上漲，造成貧富差距拉大，一不小心會變成重大的社會問題，政府企圖用行政性手段對抗市場，只能讓房價越調越漲。

再者，習近平上臺以來，強調「毫不動搖地鞏固和發展公有制經濟」，大力推動「國進民退」，要在所有企業中加強黨的領導，導致民營企業融資貴、融資難。這幾年，大型國企享受百分之五至百分之六的貸款利率，民企融資成本卻高達百分之十，小微企業融資成本達百分之十五至百分之十六。全社會資源錯配和生產率下降、總需求回落、經濟下行壓力加大，惡性循環。最近，劉鶴不得不承認：「目前在實際執行過程中，存在一些誤解和偏差，比如說有些機構的業務人員認為，給國有企業提供貸款是安全的，但給民營企業貸款政治上有風險，寧可不作為，也不犯政治錯誤。」

最後，長期以來，中國經濟發展高度依賴外商直接投資和外貿順差，是全球化最大得益者，但外貿順差已經逐年減少，二〇一八年前三季進出口總額為二十二點二八萬億元人民幣，同比增長百分之九點九；其中出口十一點八六萬億元，增長百分之六點五；進口十點四二萬億元，增長百分之十四點一；順差一點四四萬億元，收窄百分之二十八點三。如果貿易戰升級，中國出口訂單疲軟，經常帳持續逆差，將對投資前景、企業家信心，產業鏈產生深遠影響。

這幾年外商直接投資的流入速度已大幅放緩，二〇一八年一至九月，中國實際使用外資九百七十九點六億美元（其中香港占六百八十一點六億美元），同比增長百分之六點四。許多外商直接投資是「出口轉內銷」的假外資，中資企業在香港借債後，直接投入中國房地產市場，一旦境外債務成本大幅上升，這些假外資就無以為繼。如果未來外商預期翻轉，集體撤離，重構全球產業鏈，會造成人民幣持續貶值的惡性循環。

屋漏偏逢連夜雨，貿易戰引爆了中國經濟中結構性、深層次的問題，拉動GDP增長的固定資產投資，社會消費和外貿順差，持續冷卻。二〇一八年第三季，GDP增速下滑至百分之六點五，創十年新低。九月社會零售總額同比為百分之九點三，低位盤整，但汽車銷售已連續五個月負增長，九月同比為負百分之七點一，為二〇〇二年以來最大跌幅。九月工業增加值增速跌致百分之五點八，發電量僅為百分之四點六，比八月回落二點七個百分點。貿易戰背景下，企業搶出口，九月出口同比百分之十四點五，進口同比百分之十四點三，貿易順差為三百一十六點九億美元，但出口訂單疲軟，未來前景充滿不確定性。

投資方面，一至九月固定資產投資同比增長百分之五點四，雖然止跌，但仍徘徊於二十年新低。其中，基建投資疲軟，一至九月同比增長百分之三點三，較八月下滑百分之零點九。地方政府融資平臺清理整頓，使得表外融資受阻，地方城投債淨融資量大幅縮減，一至九月為二千九百八十五億元，同比減少百分之二十七點六。不過，一至九月房地產開發投資仍然同比增長百分之九點九，較一至八月小幅下降百分之零點二。但房企現金流緊張，一至九月到位資金國內貸款同比為負百分之五點一。一至九月商品房銷售面積及銷售額分別增長百分之二點九、百分之十三點三，較一至八月分別回落一點一、一點二個百分點，市場預期發生改變。

二〇一八年以來，中國央行四次降準擴大貨幣乘數，銀行同業拆借利率下行，然而銀行風險偏好低，信用擴張能力受限，資金難以流向實體經濟。一至九月銀行新增人民幣貸款十二點八萬億，同比增速百分之十一點七，占新增社融總量百分之八十三點二。銀行放款結構持續失衡，資金主要流向居民貸款買房，九月居民貸款新增七千五百四十四億元，占新增貸款比重達百分之五十五。實體企業融資緊張，一至九月企業新增貸款七點一一萬億元，其中中長期貸款新增四點九三萬億元，同比少增五千八百億元，短期貸款與票據融資大增。

雖然近期央行貨幣政策放鬆，但社會融資總量增速持續下行，一至九月社融新增十五點四萬億元，可比口徑下同比少增二點三萬億元，M2增速在歷史低位波動，九月M2同比小幅提升至百分之八點三。預計四季度社融增速繼續探底。商業銀行不良貸款餘額自二〇一四年快速上行，截至二〇一八年六月達二萬億人民幣。直接融資方面，受地方政府專項債券大量發行、信用違約事件爆發，企業債券融資大幅減少。股票融資保持低量，在股市下滑中，大量股權質押爆倉，經濟和資本市場內外交困。

如果爆發經濟危機，要抵抗人民幣下跌壓力，中國外匯儲備夠嗎？截至二〇一八年九月末，中國外匯儲備為三萬零八百七十億美元，較二〇一七年末下降五百三十億美元。而二〇一八年六月末，中國外債餘額為一萬八千七百零五億美元，較二〇一七年末一萬七千一百零六億美元，增幅為百分之九點三，連續六個季度增加。其中，短期外債約一萬二千億美元，比例百分之六十四。中國外債越借越多，外匯儲備為什麼會越來越少？因為中國國際收支平衡持續逆差，資本外流成了中國經濟的罩門。商品貿易順差已連續二年同比收窄，服務貿易十七年來持續逆差，而資本外流也會加劇服務貿易逆差的擴大，導致經常帳惡化。中國外匯儲備過度依賴對外負債融資來維持，在美元流動性收縮時受衝擊大。短期外債約一萬二千億美元，估計百分之七十沒做匯率套保，人民幣貶值百分之十帶來約八百四十億美元匯兌損失，這對於持有相關敞口的企業而言可能是毀滅性的。

中國外貿總量四萬億美元，相當於GDP的三分之一，中美直接貿易量近六千五百億美元，占外貿總量百分之十五。中國就業大軍中，與貿易上下游相關的有百分之十五左右，而中國官方公布的失業率百分之四點八（美國只有百分之三點七）。如果中國就業受到影響，各地民眾維權抗爭此起彼落，政局會不穩。二〇一八年十月十九日，劉鶴說貿易戰「心理影響大於實際影響」，目前中美正在接觸」，給市場吃定心丸。但是，美國總統貿易顧問納瓦羅在二〇一八年的早些時候指責中國從事不公平的貿易行為，中國的「經濟侵略」威脅著全球企業的技術和知識產權。二〇一八年十月二十三日，納瓦羅表示，中國尚未解決這些問題。事實上，他認為一些做法變得更糟。國際貨幣基金組織最近說，貿易戰可能會在明年令中國經濟增長減速高達百分之一點六。川普已經宣布二〇一九年一月一日將二千億美元中國商品關稅從百分之十升到百分之二十五，並威脅對其他二千七百億中國商品增加關稅。如果十一月末川習會達不成妥協，二〇一九年初貿易戰全面升級，將引爆中國經濟危機！

51／中國房地產的冬天來臨了嗎？

秋天是北京一年之中最美的季節，房地產市場也素有「金九銀十」的說法，不過，二〇一八年北京的金秋乏善可陳，樓市提前「入冬」。十月北京新房交易面積環比下降百分之二十九，二手房環比減少百分之十二點五，均價環比下跌百分之一點二。二〇一八年一至十月，北京新房市場累計供應三萬二千五百一十套商品住宅，成交量卻不足二萬套，市場供需比達到一點七比一，庫存危機隱現。

美中貿易戰開打三個月後，中國房地產市場觀望情緒濃重，成交量下降，房價漲幅收窄，不少地方還出現了下跌。中國指數研究院發布的數據顯示，一至十月，全國四十個主要城市中累計成交面積同比增長百分之七，但十月一、二、三線城市均出現不同程度的下滑，環比下降百分之五點九，同比則上升百分之三點三二。其中，北京、上海、廣州、深圳四個一線城市成交面積環比下降百分之三十三點四四，廣州降幅最大，為百分之五十七點九三。十八個二線城市成交面積環比下降百分之四點九二，預計到年底成交量還將繼續萎縮，其他三、四線城市也面臨較大的下跌風險。而四十個主要城市庫存十月環比上升百分之四點六，其中，深圳、杭州升幅較大，均超過百分之十六。

另外，中國指數研究院發布的土地市場成交數據顯示，十月，四十個主要城市土地成交面積環比少百分之二十二，但一至十月，四十城累計土地成交面積四億多平方公尺，同比增長百分之十九點七，顯示新房供應明年還會大量增加。在土地出讓金方面，十月，四十城土地出讓金環比減少百分之十五點六，同比減少百分之二十七點九。一至十月，四十城土地出讓金累計一萬八千零一十九億元，同比減少百分之零點五，為二〇一六年初以來同比首次轉負。土地財政占地方政府財政收入近百分之四十五，土地出讓金減少，會嚴重影響地方基建開支。從土地出讓價格來看，十月，四十城土地成交均價為每平方公尺人民幣四千三百二十三元，環比下跌百分之零點二，同比下跌百分之二十三點七，土地成交均價下跌對明年新房價格有一定啟示作用。

中國房地產的牛市已經持續快二十年了，累積了巨大泡沫。目前中國的房地產總值超過了四百三十兆人民幣，是GDP的五倍（超過全球平均值的一倍）。人均住房面積近四十平方公尺，是發達國家水準，但人均GDP還不到世界平均水準。過去三個月，全國四十個主要城市成交量和房價漲幅均趨緩，土地出讓金快速下滑，房企現金流惡化，房地產行業開始「入冬」，但是居民、銀行、地方政府都有抗寒能力嗎？中國可以避免發達國家資產泡沫破滅的覆轍嗎？

中國家庭的資產配置結構中，房產配置已超過百分之七十，買房已經掏空老百姓的積蓄，超過半數的家庭成了無存款家庭，從二〇〇八年到二〇一八年，全國居民十年間的存款增速從百分之十八下滑到百分之七左右。「六個錢包」買房子，掏空祖孫三代的口袋，透支未來二、三十年的收入。近年來，非金融企業的槓桿率水準有所穩定，但居民部門槓桿率快速上升，據人民銀行披露，二〇一七年末，居民債務餘額同比增長百分之二十一點四，部分購房者利用短期消費貸款等管道違規買房加槓桿，因此，買房的實際槓桿率水準要比公布的高。到二〇一八年六月底，居民房貸餘額大約為二十三兆人民幣，加上其他負債，居民債務餘額占GDP的比重已經達到百分之五十七，雖然仍低於主要發達國家水準，但在新興經濟體中名列前茅。而中國國內收入最終分配中，居民可支配收入只占ＧＤＰ的百分之六十，因此，中國居民債務占居民可支配收入的比重已經高達百分之九十三，明顯偏高。

目前，一線城市房市全面降溫，二、三線城市房價漲幅亦有所回落，但政府樓市調控並無放鬆跡象，年內各地發布超過四百餘次調控政策，高層又頻繁表態樓市調控將繼續從嚴。但是，如果房價全面下跌，居民被動去槓桿過程難以避免，就會引發房企和銀行信貸危機。中國房企的槓桿率在百分之八十以上，現金流緊張，一至九月，房地產開發投資仍然同比增長百分之九點九，但國內貸款同比減少百分之五點一，行業基本面變差。

從一九九八年香港樓市危機和二〇〇八年美國次貸危機的教訓來看，只要房價持續下跌，房貸的壞帳率就會上升。而中國最大的金融風險就是房地產泡沫破滅，與中國ＧＤＰ八十二兆人民幣相比，銀行業一百五十兆的貸款中，有近百分之三十與房地產相關。二〇一六、二〇一七年，全國銀行新增貸款近百分之五十是房地產，二〇一八年上半年，房地產貸款仍占新增貸款百分之四十，房地產綁架了太多金融資源。金融風險居高不下，中小銀行尤為脆弱，許多中小銀行的緩衝資本十分薄弱。二〇一七年底，國有金融企業資產總額二百四十一兆元，負債總額二百一十七點三兆元，形成國有資本十六點二兆元，資產負債率百分之九十，資本槓桿率近十五倍。銀行資本不足，順週期時矇混過關，房地產泡沫破滅後騙得了誰？中國房地產的冬天來臨，過去近二十年參與投資的臺灣人，有像李嘉誠一樣清倉嗎？

第五章

關於川普和美中關係

52 什麼是中美「新型夥伴關係」？

二〇一七年一月十一日，為應對即將就任的美國川普新政府，中華人民共和國國務院發表全文約一萬六千字的「中國的亞太安全合作政策」白皮書。這是中國在亞太安全合作方面發表的首部白皮書，主要闡述過去四年習近平領導下的中國亞太安全政策。白皮書指出，亞太地區整體形勢「穩定向好」，是全球格局中的「穩定板塊」，但仍面臨諸多不穩定、不確定因素。其中，朝鮮半島問題複雜敏感，領土主權和海洋權益爭端繼續發酵。一些國家擴充在亞太的軍事部署，個別國家推動軍事鬆綁，非傳統安全威脅日益突出。白皮書對亞太安全合作提出六點主張，包括促進共同發展、推進夥伴關係建設、完善現有地區多邊機制、推動規則建設、密切軍事交流合作、妥善處理分歧矛盾。

針對夥伴關係建設，白皮書指出，中國致力於與美國建構不衝突不對抗、相互尊重、合作共贏的新型大國關係。白皮書發布的當天，中國外交部副部長劉振民進一步說明，中美合作對亞太安全具有舉足輕重的作用，「美國即使是超級大國，一個大國也維持不了亞太安全，中國也不會取代美國」。中方期待與美國新政府共同努力，建構新型夥伴關係。面對中國的呼籲，川普新政府如何回應？川普是否願意與中國建構夥伴關係呢？

其實，中國與川普政府的關係開局很不順利。二〇一六年十二月初，川普與臺灣總統蔡英文通話，引發中國不滿，但川普仍接連批評中國操縱匯率、對美國產品課重稅、南海擴軍，他又大罵中國是史上最大工作偷竊國。二〇一六年十二月十一日，川普表示：「我完全了解『一中政策』，但除非我們與中國在彼此有關的其他事項，包括貿易，達成協議，否則我不知道為何我們必須被『一中政策』綁住。」川普指責，不僅貿易，中國在人民幣匯率、北韓核武發展，或在南海局勢上，都沒有和美國合作。

而在中國白皮書發表後僅幾個小時，川普政府即開始回應。準國務卿提勒森對參議院外交委員會表示，美中之間的經貿關係固然重要，但美中關係要看全域，包括如何處理北韓問題，而「中國並沒有盡全力阻止北韓發展核武，顯然已不是可靠的夥伴」。另外，獲川普提名出任國防部長的馬提斯，在一月十二日出席參議院軍事委員會時，形容國際秩序面臨二戰以來最大攻擊，而元兇便是俄羅斯、中國及國際恐怖組織。同日，被提名為中央情報局局長的蓬佩奧對參議院情報委員會表示，中國也是美國的重大安全挑戰。他說：「近年來中國展現力量，積極擴展其軍事和經濟影響力，中國在南海地區以及在網路空間的活動正不斷推動界限，創造緊張關係」。很明顯，中國想要與美國分享亞太警察角色，建構新型夥伴關係，但川普政府認為中國挑戰美國主導的國際秩序，根本不是夥伴，雙方立場南轅北轍。從以下五點，可看出中美之間的差異為何：

（一）朝鮮半島核問題：中國白皮書指出，長期以來，中國為推進半島無核化進程、維護半島和平穩定大局、推動盡早重啟六方會談做出不懈努力。白皮書指責美國和韓國不顧中國明確反對，推進在韓國部署「薩德」反導彈系統，嚴重損害中國的國家安全利益。美國對此持不同的看法，準國務卿提勒森在一月十一日指責中國在處理北韓問題上「沒有盡全力阻止北韓發展核武，顯然已不是可靠的夥伴」。稍早的一月二日，川普在推文直陳：「中國在完全一面倒的貿易中，賺走美國鉅額金錢與財富，卻在北韓議題上不幫忙，很好！」雙方在朝鮮半島核問題上互相抱怨，分歧嚴重。

（二）南海問題：白皮書指出，中國對南沙群島及其附近海域擁有無可爭辯的主權。中國始終堅持通過談判協商和平解決爭議，中國堅決反對個別國家為一己私利在本地區挑動是非。對於侵犯中國領土主權和海洋權益、蓄意挑起事端破壞南海和平穩定的挑釁行動，中國將不得不做出必要反應。任何將南海問題國際化、司法化的做法都無助於爭議的解決，相反地只會增加解決問題的難度，危害地區和平與穩定。面對中國強勢的態度，準國務卿提勒森認為美國必須要讓區域盟邦清楚了解，美國的承諾不變，他還傳遞「清楚訊息」給中國：「一、中國在南海造島的行為必須停止，二、中國將不被允許進入這些島嶼。」他批評，中國在南海造島、部署軍事設備的行為，「就像俄羅斯控制克里米亞」，占領其他國家也宣稱擁有主權的領土。準國防部長馬提斯也指出中國持續在南海增加軍事部署，是破壞與鄰國的誠信。他強調美中兩國必須嘗試互動溝通，但如果中國選擇做出有違美方利益的舉動，美國必須做好準備，面對這種不適當的行為。

（三）東海問題：白皮書指出，中日在東海存在釣魚島問題和海域劃界問題。釣魚島及其附屬島嶼是中國的固有領土，中國對釣魚島的主權有著充足的歷史和法理依據。中方願繼續通過對話磋商妥善管控和解決有關問題。對此，準國務卿提勒森批評中國在東海劃設防空識別區是「非法行為」、「他們占領、控制甚至宣稱不是他們的領土」。他說，若中國軍隊試圖奪取釣魚島，「我們將根據美日間的協議進行應對」。

（四）網路安全：白皮書指出，中國是網路安全的堅定維護者，支援並積極參與國際社會加強網路安全的努力。中國主張建立多邊、民主、透明的互聯網國際治理體系，認為當務之急是在聯合國框架下制定各方普遍接受的網路空間國際行為準則。一月十一日，川普公開指稱中國入侵美國二千二百萬電腦帳戶，明顯表示中國表裡不一。隔日，川普任命前紐約市長朱利安尼在其政府中擔任網路安全顧問。川普表示，網路入侵在美國和全世界正成為發展最迅速的罪行，且對美國國家安全構成嚴重威脅。而準中央情報局局長蓬佩奧也認為中國在網路空間的活動創造緊張關係。

（五）臺灣海峽的和平安全問題：整份白皮書一萬六千字隻字不提臺海和平安全問題，似乎臺澎金馬已經沉入西太平洋。過去六十多年來，臺海安全問題一直是亞太安全的熱點，中國這種無視中華民國獨立存在的態度，無法讓亞太各國相信它的亞太政策背後的真實意圖。對此，準國務卿提勒森表示，美國透過《臺灣關係法》與「六項保證」向臺灣許下重要承諾：「我們必須再次重申這些承諾，讓臺灣清楚知道我們會履行承諾。」但他也說，「我不知道有任何要改變『一中』立場的計畫。」準國防部長馬提斯指出，他將向總統及國會提供關於他對臺海目前安全局勢，以及改變美國政策可能造成哪些後果的評估。

二〇一七年新年開始，中國一方面發表「中國的亞太安全合作政策」白皮書，呼籲與美國建構新型夥伴關係，另一方面，卻以實際軍事行動測試美國維護西太平洋安全和穩定的決心。二〇一七年一月九日，中國人民解放軍多架軍機進入朝鮮半島西南海域的南韓防空識別區，接著穿越九州對馬海峽上空飛往日本海，南韓空軍緊急出動十餘架戰鬥機，向中方示警，而日本自衛隊戰機也緊急升空三十餘架戰鬥機警戒。一月十一日至十二日，解放軍航母「遼寧號」艦隊進入中華民國防空識別區，沿著海峽中線西側，向北通過臺灣海峽，國軍全面警戒。針對中國這一連串對鄰國的騷擾，美國國務院出面喊話「我們在亞太地區的整體戰略是試圖降低緊張情勢，我們當然不願看到任何武力展現，或者任何緊張情勢升高」，試圖緩和中國的挑釁行為所帶來的緊張氣氛。

其實，為因應解放軍軍力在西太平洋快速擴張，美國海軍自二〇一六年起，研擬回歸二戰前後的「海洋控制」大戰略，美國的「新海洋控制」除了增加船艦數量，也提高關鍵海域的布局。美國海軍水面船艦部隊指揮官羅登指出，美軍控制全球海域近四分之一個世紀，美國及其盟邦的安全利益如今為新崛起的競爭者、無懼衝突的國家以及武裝的非政府集團所挑戰，全球已回歸大國在海上競爭的狀態，美軍必須因應做出調整。二〇一七年一月六日，美國第三艦隊卡爾文森號航空母艦打擊群駛入太平洋，這是美軍在二次大戰後，首度由第七與第三艦隊在西太平洋海域共同執行任務，具高度戰略意義。美國太平洋司令部指出，船艦已開始執行「新海洋控制」大戰略的訓練。

另外，美國海軍陸戰隊的十架最新型Ｆ35Ｂ隱形戰機，已前往日本美軍基地換防，這也是美國Ｆ35Ｂ隱形戰機首次在美國之外的地區實施部署。美國太平洋司令部空軍指揮官歐蕭尼西指出，太平洋戰區形勢劇變，中國軍機頻繁在南海飛行，美國將在區域全面派駐Ｆ35戰機，確保擁有空中優勢。

崛起的中國希望重新建構亞太國際體系，一九九六年臺海危機二十年後，中國不再容忍美國在亞太地區的獨霸，要與美國分享亞太警察角色，這恐怕也是習近平「中國夢」的一部分。中國挑戰美國時，一方面大規模地擴軍備戰，對鄰國態度強硬，另一方面不斷強調自己是和平崛起。但是，中國自己宣稱的和平目標並不能贏得美國的信任，不管中國的意圖是什麼，中國軍力崛起的本身就已經對美國在亞太的霸權地位造成客觀威脅。

美國認為它在亞太地區的核心利益是保證航行自由、威懾中國軍事冒險、防止單方面領土吞併，而美國與中國的競爭最根本的是經濟和社會價值觀念。美國準國務卿提勒森認為美國對中國的關係應有新思維，美國與中國之間的經濟關係相當重要，因此美國更有必要關注中國的動向，這也是中國政府愛說的「聽其言，觀其行」，對中國同樣適用。

但是，川普的真正目的可能是為了重新談判美中貿易關係，他曾經在選戰期間承諾要遏制來自中國的不公平貿易，還曾威脅自己上任後會宣布中國為匯率操控國，並針對中國出口美國貨品開徵百分之四十五的懲罰性關稅。二〇一七年一月十三日，川普表示，他在看見北京當局在匯率與貿易措施上有所進步之前，不會恪守「一個中國」政策，「每件事都在協商，包括一中」。川普政府對中國公開、強硬的批評可能只是一種談判策略。川普政府如何與中國談判和確立「新型大國關係」，將是今後亞太安全的關鍵。如果中美都無法客觀、理性看待對方的戰略意圖，冷戰思維回潮，那麼亞太安全前景堪憂，中美新型夥伴關係純屬天方夜譚。

53／臺灣人為什麼應該讀川普的新書？

二〇一七年三月十九日，美國國務卿提勒森訪問北京，與中國國家主席習近平會晤。提勒森表達了美方對美中關係「不衝突、不對抗、相互尊重、合作共贏」十四字原則的認可。臺灣媒體將提勒森的這一姿態視作中國對美外交的重大勝利，因為提勒森變相承認了北京的中美「新型大國關係」。然而，美國總統川普的新書卻對美中關係提出完全不同的看法。《總統川普》基本上是他競選總統時的演講彙整，主要闡述他的治國藍圖，也討論了他處理外交的基本原則。究竟哪一種說法才是川普的真實想法呢？

由於美國和臺灣主流媒體的偏見和誤導，在川普當選之前，臺灣民眾並不清楚他的內政和外交主張，甚至把他當作瘋子。直到川普當選後，與臺灣總統蔡英文通了電話，臺灣民眾才驚覺對川普其實了解不多。川普的新書讓我們從頭認識他的治國理念和主張，特別是對「一個中國」政策的態度。川普曾經宣稱「如果我們不能跟中國在其他問題、包括貿易問題上達成協議，我不明白我們為什麼還要受縛於『一個中國』政策」。美中關係對臺灣的安全和發展有巨大的影響，透過這本書，我們可以了解川普對美中關係的基本想法，同時有助於臺灣制定對策。

在本書中，川普強調跟中國周旋會是美國最有挑戰性的長期課題。他明確指出：「現在我們跟中國的競爭主要在經濟方面，而且我們長期以來一直處下風。……我們兩國的經濟綁得死死的，而且還是一種很負面的連接。」川普對美中經濟關係的這個基本判斷，與美國前幾任總統很不一樣，不過，他認為：「中國的經濟非常依賴我們，他們比我們更需要美中貿易。」川普強調，要注意中國，「不能再讓他們用貿易保護政策和網路盜竊來搶我們的工作，占我們的便宜。」至於如何改變美中關係現狀，川普說「第一步就是對中國人擺出強硬姿態」，第二步是「保持彈性，然後永遠不要秀出手裡的牌」，與中國周旋「出其不意才能打勝仗」。

美中《上海公報》公布四十五年後，美中關係確實應該受到新總統的檢視，這不僅是川普的特權，也是他的義務。過去四十五年來，美國對中國的政策並不是出於同情，而是基於對中國實力與意圖的估計，從美國所處的現實出發、為美國國家利益設計的。首先，《上海公報》反映的是一九七〇年代的景況，正如毛澤東所言：「基本問題是，無論美國也好，中國也好，都不能兩面作戰。」美中這兩個意識形態和政治體制完全不同的國家，彼此之間存在著巨大的分歧，但是龐大的戰略利益卻促使它們走在一起。當時雙方都需要進行戰略收縮，以便集中精力對付主要敵人：蘇俄。一九七二年二月，尼克森出發去北京前，季辛吉告訴尼克森：「他們和俄國人一樣危險。事實上，在某個歷史時期，他們會更加危險。」對於美國而言，「二十年以後，您的後繼者如果像您一樣明智，就會倒向俄國人那邊來對付中國人。」而且，季辛吉深信「如果中國更強的話，它就不會這樣一心一意地尋求和我們改善關係了。」四十五年後的今天，季辛吉預期的那個「歷史時期」來臨了嗎？

其次，過去四十五年裡的八位美國總統都一致認為，促進世界貿易和經濟全球化、讓中國融入美國主導的國際資本主義體系中，可能改變中國的政治經濟制度，甚至社會價值觀；退一步說，美中經濟上互通有無的相互依賴，是防止美中衝突的主要方法。但是，川普在本書中卻不顧是否會造成中國不悅而毫不留情地指出「壞中國」政府：「限制國民上網，鎮壓政治異議者，強行關閉報社，監禁反對者，限制個人自由，用網路攻擊別人，還利用它在世界各地的影響力操控經濟，同時還不斷增強它的軍事實力。」中國雖然是全球化最大受益者，但是其經濟的改革開放卻未導致政治現代化；相反地，近年來中國國進民退，威權盛行，還在國際上推銷中國價值觀（美其名為「中國夢」），這些現實迫使川普政府重新審視美國對中國政策的基本假設。

更重要的是，習近平改變了鄧小平「韜光養晦」的外交政策，同步推動「經濟崛起」和「軍事崛起」。習近平擴軍備戰，尚武好戰，包括視南海為內海、劃設東海防空識別區、武力恐嚇臺灣等。崛起的中國希望重新建構亞太國際體系，不再容忍美國在亞太地區的獨霸，要與美國分享亞太警察角色，這恐怕也是習近平「中國夢」的一部分。中國挑戰美國時，一方面大規模地擴軍備戰、對臺灣施以武力威脅，另一方面則不斷強調自己是和平崛起。只是，中國宣稱的和平並不能贏得美國和鄰國的信任。不管它的意圖是什麼，中國軍力崛起的本身就已經對美國的霸權地位構成客觀挑戰，美國認為它在亞太地區的核心利益是保證航行自由、威懾中國軍事冒險、防止單方面領土吞併，而美國與臺灣發展更密切的軍事關係，將是維護美國核心利益的關鍵步驟。

二〇一七年新年，中國發表「中國的亞太安全合作政策」白皮書，呼籲與美國建構新型夥伴關係。可是，整份白皮書一萬六千字隻字不提臺海和平安全問題，似乎臺澎金馬已經沉入西太平洋。過去六十八年來，臺海安全問題一直是亞太安全的熱點，中國這種無視中華民國臺灣獨立存在的態度，無法讓亞太各國相信它的亞太政策，而是懷疑其背後的真實意圖。對此，美國國務卿提勒森表示，美國透過《臺灣關係法》與「六項保證」向臺灣許下重要承諾：「我們必須再次重申這些承諾，讓臺灣清楚知道我們會履行承諾。」但是，川普在新書中所表明的立場卻是「如果我們要出手介入紛爭，那就一定要有直接威脅我們國家的理由」。而且他一再強調，誰需要美國軍事保護，誰就應該分攤花費。所以，面對中國的軍事威脅，臺灣將來如果要求美國干涉兩岸紛爭的話，可能得付更多的「保護費」。

面對中國的呼籲，川普新政府如何回應？川普是否願意與中國建構夥伴關係呢？川普在本書中說：「有些人希望我不要把中國人說成我們的敵人，可是他們就是我們的敵人。」很明顯，雖然中國想要與美國分享霸權、建構新型夥伴關係，但川普認為中國挑戰美國主導的國際秩序，根本不是夥伴，雙方立場南轅北轍。美國國務卿提勒森曾指出，美國對中國的關係應有新思維，美國與中國之間的經濟關係相當重要，因此美國更有必要關注中國的動向。但在提勒森表達了對中方「不衝突、不對抗、相互尊重、合作共贏」十四字原則的認可之後，是否代表川普變相承認了中美「新型大國關係」？

川普在本書中說，美國要轉變情勢，再次成為贏家，「第一就是組建全世界最先進、最有力、最有機動性的軍隊」。「第二，必須以經濟實力作為所有行動的出發點」。所以，川普的真正目的可能不僅是為了重新談判美中貿易關係，《上海公報》公布四十五週年後，崛起的中國希望重新建構亞太國際體系，但美國無法容忍中國在亞太地區與之爭霸，這才是川普新政府要重新審視美中關係的原因。川普對中國強硬的批評可能只是一種談判策略，川普政府如何與中國談判和確立「新型大國關係」，將是今後亞太安全的關鍵。如果中美都無法客觀、理性看待對方的戰略意圖，冷戰思維回潮，那麼亞太安全前景堪憂，中美新型夥伴關係純屬天方夜譚。其實，「難以預測」才是川普的個性，我們還要拭目以待。但在這之前，臺灣人應該讀一下川普的新書。

54 美中「貿易戰」是真打，還是假打？

二〇一八年五月二十九日，白宮突然宣布，為了保護國家安全，美國將對中國涉及重要工業技術的投資設限並加強對中國的出口管制，同時將對價值五百億美元的產品徵收百分之二十五的關稅。川普總統說：「從今以後，我們期待貿易關係是公平而且互惠的。」中國對此「感到出乎意料」，因為五月中旬美中在兩輪艱難談判後曾發表聯合聲明，表現出避免貿易戰的意向。六月三日，美中兩國有關貿易的第三輪談判在北京結束，雙方沒有達成協議。美方要求中國簽訂進口大豆、牛肉、雞肉、天然氣等長期採購合約，而中方則強調，如果美方推出包括加徵關稅在內的貿易制裁措施，雙方談判達成的所有經貿成果將不會生效。

川普在美中貿易問題上變化多端，是故意讓對方摸不著頭緒，還是因為他缺乏一致的戰略呢？其實，對於如何打貿易戰，川普在《總統川普》一書中早就透露，與中國周旋「出其不意才能打勝仗」。他說，美國「必須以經濟實力作為所有行動的出發點」，第一步就是「對中國人擺出強硬姿態」，第二步是「保持彈性，然後永遠不要秀出手裡的牌」。上任一年半，川普按競選宣示，對中國發起了「新型貿易戰」，改變了《上海公報》發表以來，美中關係的基本態勢。

川普判斷「中國的經濟非常依賴我們，他們比我們更需要美中貿易」，因此，他要用關稅制裁及投資限制兩大武器，迫使中國修正不公平的貿易方式。二〇一八年四月初，川普聲言，鑑於中國對美國長期實行不公平的貿易做法、盜竊美國知識產權、強迫美國公司轉讓技術，他要對來自中國的五百億美元商品徵收懲罰性關稅。川普上任後，曾試圖藉由對話改變中國的作為，雙方建立許多經貿對話管道，都未見效，因此，他不得不祭出關稅制裁，對中國「鳴槍示警」。川普與習近平交涉的經驗是，如果美國不對中國真正施壓，美中就不會在經貿問題上有嚴肅的磋商。

四月初，當美國貿易代表發布徵收關稅的商品清單後，中方迅速發布了報復性關稅清單，宣布對美國商品（大部分是農產品）提高關稅。川普接著責令貿易代表考慮對額外一千億美元的中國商品徵收關稅。中國隨即表示將對美國商品徵收同樣數額的關稅，不惜一切代價跟美國打貿易戰。但是，美中貿易有著巨額逆差，二〇一七年，這個數字達到三千七百五十億美元。美國從中國買了超過五千億美元商品，中國買美國貨花了一千三百億。中國沒有足夠的美國進口貨可徵關稅，無法從數字上對等報復，兩國真打起貿易戰的話，中國吃虧得多。所以，經過雙方兩輪談判，中國於五月十九日同意「有意義地增加」對美國農產品和能源進口。不過，川普還不滿意。

與中國交涉時，川普一直考量中國在北韓核武問題上的態度，甚至願意用「貿易牌」來交換「朝核牌」。二〇一七年四月首度「川習會」時，美國需要中國合作向北韓施壓，川普與習近平達成交易，中國以協助美國「阻止北韓發展核武」來換取美中再次舉行經貿談判。川普在貿易問題上放了中國一馬，不希望讓貿易爭議擾亂其通過聯合國對北韓實施「最大壓力」。然而，中國除故作姿態外，並未能使北韓收斂，川普對北京態度轉趨冷淡。二〇一八年三月，北韓在國際壓力下低頭，川普在南韓推動下，宣布將直接與金正恩會談，將習近平撇在一邊，降低中國通過打「朝核牌」與美國討價還價的籌碼。

而金正恩與習近平兩次會面，加深美中兩國間的戰略猜忌。於是，忍耐一年後，川普開始兌現競選諾言，採取增加關稅等措施懲罰中國對美貿易行為，尋求中國履行加入世貿組織時做出的開放市場、降低關稅的承諾。

川普認定中國挑戰美國主導的國際秩序，已經成為美國的敵人。他曾反覆強調跟中國周旋會是美國最有挑戰性的長期課題。他指出：「現在我們跟中國的競爭主要在經濟方面，而且我們長期以來一直處下風。……我們兩國的經濟綁得死死的，而且還是一種很負面的連接。」川普對美中經貿關係的這個基本判斷，與美國前幾任總統很不一樣。他說：「有些人希望我不要把中國人說成我們的敵人，可是他們就是我們的敵人。」二〇一七年十二月，川普提出《國家安全戰略報告》，批判中國是「意圖破壞現狀的強權」，一心想動搖美國的利益。文件用不尋常的尖銳語氣，將中國描述成全球競爭對手，指控中國企圖在亞洲「取代美國」，可見，川普發動貿易戰是國家戰略的一環。

美國發動貿易戰打亂中國夢的進程，以關稅相威脅，以芯片扼咽喉，美中關係降到自建交以來的低點。一些美國公司開始考慮供應鏈的問題，準備使供應鏈多樣化。對於美中經貿關係的變局，臺灣政府應該積極推動臺美自由貿易協定（FTA），幫助臺灣企業主動出擊，趨利避害，成為美中貿易戰的贏家。

55 中期選舉，川普贏了嗎？

美國中期選舉的結果，民主黨控制了眾議院，共和黨仍然控制參議院，而且增加了席位。儘管民主黨贏得眾議院，但沒有出現許多人預測的大規模「藍色浪潮」勝利。多數選民把這次選舉看作是川普執政頭兩年的公投，從中期選舉的歷史經驗來看，這樣的結果川普算是贏了。川普鞏固了他的選民基本盤和他對共和黨的領導。兩年後的大選，共和黨內不會有人能挑戰他。共和黨繼續控制參議院，可能批准川普提名的更多保守派出任聯邦最高法院大法官，對美國社會留下長久影響。同時，儘管贏得眾議院，民主黨要彈劾他，也不可能獲得參議院的同意。而參議院才有權批准條約，政府高官和大使的任命，許多共和黨參議員因為川普的幫助才當選，應該會在外交政策上更支持他。加上參議院中最反對川普的共和黨麥侃議員去世，川普對國會共和黨團的影響會加強。

川普將中國視為美國的戰略競爭對手，民主黨的眾議院領袖佩洛西對中共也不友好，美國行政當局和國會兩黨對中國的態度一致。十月四日，美國副總統彭斯發表演說，用一系列事實指控中國實行掠奪性的經濟做法和採取咄咄逼人的軍事態勢，破壞現存國際秩序。彭斯向中共發出的訊息是：「雖然我們希望改善與北京的關係，但我們將繼續堅定地捍衛我們的安全和我們的經濟。本屆行政當局將繼續採取果斷行動，保護美國的利益、美國的就業和美國的安全」。他強調美中關係應建立在「公平、對等」基礎之上。而國會兩黨普遍認為，美國應該從軍事、貿易、情報和外交等各方面採取更強硬的行動來對抗中國的崛起。所有這些訊息對習近平來說是壞消息，中期選舉結果不會導致美國對中政策產生大改變。

美中關係最近出現了緩和的跡象。十一月二日，川普與習近平通電話後表示，他可能就貿易議題與中國達成好的協議，並稱在解決兩國分歧上已經取得了進展。十一月五日，習近平在上海的中國國際進口博覽會上發表講話，再次承諾中國將進一步開放進口市場。國家副主席王岐山也在新加坡說：「中國願意就達成貿易解決方案與美方進行談判」。美中將於十一月九日在華盛頓舉行第二輪美中外交安全對話，北韓核問題、南中國海和臺灣可能都是會談的話題。雖然此次美中外交和軍事官員的會晤並不可能取得任何突破性進展，但是，美中雙方都有意圖改善幾個月來持續緊張的經貿和軍事關係。十一月底的川習會有可能達成有限的協議，因為川普希望向選民報告貿易戰的階段性成果，而習近平無法承受貿易戰擴大對經濟的衝擊。但川普會「打打談談，談談打打」，他執行「有理、有節、有利」的對中政策，才能從氣勢上壓倒習近平，緊握美中關係的主導權。用川普自己的話就是「第一步就是對中國人擺出強硬姿態」，第二步是「保持彈性，然後永遠不要秀出手裡的牌」，與中國周旋「出其不意才能打勝仗」。

二〇一八年十一月十一日是第一次世界大戰結束一百週年，一個世紀前工業化的德國對於英國霸權地位的挑戰導致了第一次世界大戰。二〇一六年，英國作家詹姆斯・麥唐諾發表《大國的不安》。麥唐諾認為在多極化的世界裡貿易的失衡引發了兩次大戰，「二十世紀歷史顯示，充滿競爭的區域權力集團注定會釀成災難。世界若要避免回歸充滿競爭的多極化世界，讓美國維持全球地位是關鍵」。麥唐諾主張「唯有在單一良性強權的保護下，自由貿易與世界和平才能持久蓬勃，多極對立的世界並無法穩定發展」。

過去四十多年來，美國對中國的政策是基於對中國實力與意圖的估計，但是，中國雖然是全球化最大受益者，其經濟的開放卻未導致政治民主化；相反地，近年來中國國進民退，威權盛行，習近平實行終身制，還在國際上推銷他的價值觀和發展模式，這些現實迫使美國改變對中國政策的基本假設。美中新冷戰已經開始了，就會繼續打下去，因為兩國的根本矛盾不會消失。

56 習近平真的會向川普讓步嗎？

在內憂外患下，習近平將在二〇一八年十一月底位於阿根廷的二十國峰會期間，與川普會談。近日，態度強硬的美國副總統彭斯在接受《華盛頓郵報》專訪時稱，只有在中國明確理解美國的立場，並願意徹底改變自身行為的情況下，才能避免與美國爆發冷戰。他表示，「中國需要做出讓步的領域包括對保護知識產權、禁止技術轉移、取消限制進入中國市場、尊重國際規則及規範，以及保障在國際水域航行自由和中共對西方政治的干預」。他警告，如若中方提出的建議未能令美方滿意，美方將準備在經濟、外交及政治上，對中施加更大壓力。彭斯強調，美方看重的並不僅是來自中方的承諾，而更為重要的是最終的結果。但是，習近平真的會改變姿態向川普低頭讓步嗎？

自美中貿易戰開打以來，中國資本市場信心不足、企業運行困難，國家統計局十一月中公布的十月經濟數據低於預期。消費出現明顯下滑，社會零售總額增長百分之八點六，包括汽車在內的主要消費品增速均大幅回落。此外，工業增加值同比增長百分之五點九，連續第二個月跌破百分之六；固定資產投資增速雖小幅回暖，但仍處於低位，房地產已進入下行通道，尤其是辦公樓和商業營業用房銷售下降。短期外貿數據強勁反映了對於貿易戰前景的擔憂，出口前景並不樂觀，採購經理人指數（ＰＭＩ）新出口訂單指數自七月以來已經回落至百分之五十「榮枯分界線」以下，十月新出口訂單ＰＭＩ僅為百分之四十六點九。貿易順差進一步下降，未來經常帳持續逆差，對於經濟的拖累不可小覷。

仔細研究官方數據會發現，拉動中國ＧＤＰ增長的社會零售持續冷卻，消費者信心不足，汽車十月同比下降百分之六點四，已經連續數月拖累消費。食品類、服裝鞋帽、日用品類、文化辦公用品類、通訊器材類等同比增速均大幅回落，主因是收入增速下降和財富效應縮水。工業生產低位徘徊，十月ＰＭＩ回落、發電量下滑，電力、熱力、燃氣及水生產增速回落，拖累工業增加值。製造業低位有所企穩，但汽車總產量同比負百分之九點二，轎車和ＳＵＶ均負增長。固定資產投資仍然動力不足，基建投資處於較弱水準，一至十月基礎設施投資同比增長百分之三點七。傳統製造業投資疲軟，農副食品加工業、紡織業、有色金屬冶煉和壓延加工業增速降低，鐵路、船舶、航空航天和其他運輸設備製造業投資下滑幅度擴大。

房地產投資進入下行通道，市場情緒悲觀，一至十月全國房地產開發投資同比增長百分之九點七，較一至九月下降百分之零點二，新開工面積增速也小幅回落。銷售方面，一至十月月全國商品房銷售面積及銷售額分別增長百分之二點二、百分之十二點五，較一至九月繼續回落零點七、零點八個百分點，需求疲態盡顯。十月，一、二、三線城市成交面積均出現不同程度的下滑，環比下降百分之五點九。其中，北京、上海、廣州、深圳四個一線城市成交面積環比下降百分之三十三點四四，廣州降幅最大，為百分之五十七點九三，一線城市二手住宅價格全線下調，環比下降百分之零點二，房地產市場提前「入冬」。

中國金融數據也弱於預期，十月中降準的有效性差，Ｍ２追平三十年歷史最低增速，十月末，M2餘額一百七十九點五六萬億元，同比增長百分之八，增速比上年同期低零點九個百分點；M1餘額五十四點零一萬億元，同比增長百分之二點七，增速比上年同期低十點三個百分點。貨幣政策有效性降低，實體經濟融資整體下滑。十月社融存量規模同比增速為百分之十點二，比二〇一七年同期下滑二點八個百分點。新增貸款六千九百七十億元，比九月環比大幅減少六千八百三十億，企業中長期貸款需求仍舊不振，也顯示貨幣政策的傳導不暢。近期房地產市場下行，也導致居民中長期貸款回落。中國央行在經濟快速放緩時，為什麼收縮基礎貨幣的供應呢？顯然是為了穩定匯率而在賣美元、買人民幣，抽緊銀根，導致股市、債市、P2P爆雷不斷！

中美貿易摩擦的不斷升溫和流動性緊缺導致中國債務問題日益嚴重，經濟陷入「流動性陷阱」。國際貨幣基金組織最近說，貿易戰可能會在明年令中國經濟增長減速高達百分之一點六。川普已經宣布二〇一九年一月一日將二千億美元中國商品關稅從百分之十升到百分之二十五，並威脅對其他二千七百億中國商品增加關稅。如果十一月末川習會達不成妥協，二〇一九年初貿易戰全面升級，房地產失速導致人民幣「無序貶值」，將引爆中國經濟危機！問題是，美方要求中方做出讓步的領域並非僅含有貿易問題，還包括政治、經濟、軍事、外交各個方面，除非習近平改弦更張才能避免美中冷戰。可是，習近平的權力基礎這麼弱，他真能改變姿態向川普作實質讓步嗎？

57／中美注定一戰嗎？

二〇一八年九月七日，亞太和平研究基金會董事長許信良應邀在海基會做專題演講，一開場就提到古希臘城邦斯巴達和雅典的爭霸之戰。親自參戰的傑出歷史學家修昔底德認為，使得這場戰爭無可避免的原因，是雅典日益壯大的力量，還有這種力量在斯巴達造成的恐懼。許信良在臉書上介紹美國當代戰略學家艾利森教授的理論時指出：「把修昔底德的結論稱作『修昔底德陷阱』。就是說，新興霸權大國的崛起，以及這種崛起在既有霸權大國引起的恐懼，必定引發戰爭。」

格雷厄姆．艾利森的《注定一戰？中美能否避免修昔底德陷阱》，二〇一八年十一月底剛由八旗文化翻譯出版。艾利森是前國務卿亨利．季辛吉的學生，在美國哈佛大學任教五十年。在當代國際關係和安全研究界中，他是名噪一時的理論家與實踐者，曾於柯林頓總統任內短暫擔任過助理國防部長。二〇一五年九月，艾利森在《大西洋月刊》發表〈修昔底德陷阱：美國和中國正走向戰爭嗎？〉一文，首次提出美中關係正走向「修昔底德陷阱」這一概念，二〇一七年五月出版的英文原著是那篇文章的擴充和深化。根據「修昔底德陷阱」的歷史模式，回顧過去五百年的紀錄，艾利森發現十六起崛起強權擾亂統治強權地位的例子，其中有十二起競爭是以戰爭告終，只有四起沒有。他強調「倘若繼續延續目前的發展軌跡，美國和中國在未來幾十年內爆發戰爭不僅是有可能的，而且可能性比現在專家學者所認定的更高得多」。不過，艾利森寫此書的目的是為了勸說美中兩國領導人，以史為鑑，努力避免「修昔底德陷阱」的宿命。

二〇一八年是第一次世界大戰結束一百週年，剛好艾利森發現，十六起案例中「最惡名昭彰的例子是一個世紀前工業化的德國，對於英國在國家食物鏈體系金字塔頂端的地位的挑戰」。本書的第四章〈英國對德國〉，從兩強爭霸的角度，討論了第一次世界大戰的起源。同季辛吉的《論中國》後記類似，艾利森也以「克勞備忘錄」為切入點，研究了二十世紀初英德對抗與二十一世紀美中關係的戰略相似性。克勞當時是英國外交部的首席德國專家，他於一九〇七年元旦向英王愛德華七世報告，德國主觀意圖是無關緊要的，重要的是它的能力。無論德國是否有意取代英國，英國除了對抗德國蠶食、壓制德國的海軍擴張，沒有其他更好的選擇，克勞說服了英國政府實施壓制德國的戰略。但是，艾利森卻認為英德軍備競賽，和德國對英國的經濟挑戰，「並未使兩國間的戰略競爭不可避免」。

二〇一六年，英國作家詹姆斯・麥唐諾發表《大國的不安》，他對兩次世界大戰的起源和冷戰的經驗做了與艾利森很不一樣的解釋，他認為在多極化的世界裡貿易的失衡引發了兩次大戰，「二十世紀的歷史顯示，充滿競爭的區域權力集團注定會釀成災難。世界若要避免回歸充滿競爭的多極化世界，讓美國維持全球地位是關鍵」。與艾利森相比，麥唐諾的論點更令人信服：「唯有在單一良性強權的保護下，自由貿易與世界和平才能持久蓬勃，多極對立的世界並無法穩定發展。」《大國的不安》在《注定一戰？》出版的前一年出版，但因為麥唐諾只是英國的一位自由撰稿人，他的書沒有在西方社會造成太大影響。不過，對比閱讀這兩本書，可以發現它們都是挑戰對方認知的精闢論著。

比較可惜的是，《注定一戰？》對十六起案例中與美中關係直接有關的兩個案例做了過於簡單的討論。本書第三章對「珍珠港事變」教訓的討論，艾利森沒有詳細分析一九二〇至三〇年代，美國「孤立主義」思潮對日本版的「門羅主義」，即「大東亞共榮圈」行為的姑息和綏靖。當年美國不與國際聯盟合作，不堅持「門戶開放」政策，犧牲中國利益、對日綏靖卻仍然無法避免太平洋戰爭爆發。今天，正如本書提到的，習近平也在主張中國版「門羅主義」，企圖將美國勢力趕出亞洲，但艾利森為什麼不對當年美國對日綏靖政策的失敗多加反思呢？

身為研究「古巴導彈危機」的專家，艾利森對美蘇的核戰略有深刻洞見，但本書第九章對「蘇聯與美國冷戰」的討論幾乎略過對冷戰期間的美中熱戰——即「韓戰、臺海危機、越戰」的分析，也沒有討論為什麼這些有限熱戰沒有導致美中全面戰爭。這一省略是故意的嗎？也許他全盤接受了季辛吉《論中國》對這些熱戰的分析；還是他認為這些有限熱戰不符合「修昔底德陷阱」歷史模式的定義，所以不加討論？而且，這一省略也迴避了美中「文明衝突」（該書第七章）應該面對的一個難題。艾利森大致贊同杭廷頓「文明衝突論」以及季辛吉、李光耀等人對「儒家文明」與「西方文明」衝突的分析，但美中衝突最激烈的一九五〇至六〇年代，也是中共批判「儒家文明」登峰造極的時代。

將毛澤東對美帝國主義「紙老虎」的挑戰解釋為「儒家文明」與「西方文明」的衝突一定會讓毛澤東死不冥目的。

艾利森對第二次世界大戰前的美英綏靖主義沒有強烈的批判，因此，他對於美國如何應對習近平版的「門羅主義」提出近乎傳統「孤立主義」的主張，即「優先解決國內問題」，例如「衰敗的民主」。他在結論中說：「如果每個社會的領導人都了解到本國問題的嚴重性，並專心致力先解決它們，那麼美中官員會發現『在亞洲分享二十一世紀』並不是他們最嚴峻的挑戰。」他大概贊同季辛吉的觀點「中美關係不必也不應成為零和博弈」。

艾利森建議美中：「談判出一種長和平……一個長達四分之一世紀的休兵期，在某些領域施加規範，減少競爭，同時雙方都可以自由地在其他地方尋求優勢。」他說：「與冷戰時期的低盪（Détente）一樣，美國和中國可以將問題包裹起來以達成協議，使每一項都能獲得最重大的價值。」例如，艾利森認為，阻止中國奪取南海的島嶼或收回臺灣也許並不是美國的核心利益，「如果中國能迫使平壤結束核子武器和遠程飛彈的進一步試驗，美國可以限制，甚至停止向臺灣出售武器，並從韓國撤軍。」（該書第十章）。

艾利森在書中並沒有明確主張「棄臺論」，不過從字裡行間可以領會到這種意思，美國如果要避免一場與中國誰都無法贏的戰爭，「棄臺」恐怕是一個選項（該書第八章）。許信良在海基會演講中說「艾利森教授的警告，完全被川普政府所接受」，但川普真的會採納這些建議嗎？

由於艾利森本人並不是中國問題專家，所以書中對於「習近平的中國要什麼？」（該書第六章）這類問題的研究主要參考了季辛吉、新加坡前總理李光耀、澳洲前總理陸克文這類「中國通」的觀點。他深受季辛吉、李光耀、陸克文等人影響，又備受許信良推崇，大概可以被歸類進「中國或成為最大贏家派」。不過，因為作者的地位和本書的分析框架，對西方國際關係學界和美中國安決策圈的影響很大，還是值得臺灣的讀者高度重視。

58 川普如果連任，會修改美國的「一中政策」嗎？

二〇一六年十二月十一日，美國總統當選人川普宣稱：「我完全了解『一個中國』的政策，但是，如果我們不能跟中國在其他問題，包括貿易問題上達成協議，我不明白我們為什麼還要受縛於『一個中國』政策。」二〇一七年一月十三日，川普表示，他看見北京在匯率與貿易措施上有所進步之前，不會恪守「一個中國」政策，「每件事都在協商，包括一中」。但是，近四年來，儘管美中關係嚴重惡化，美國政府發言人在正式場合依然重申美中《三個公報》和《臺灣關係法》所確立的「一個中國」政策。

一九七二年二月二十八日，美國在《上海公報》中聲明：「美國認識到，在臺灣海峽兩邊的所有中國人都認為只有一個中國，臺灣是中國的一部分，美國政府對這一立場不提出異議。它重申它對由中國人自己和平解決臺灣問題的關心。」（The United States acknowledges that all Chinese on either side of the Taiwan Strait maintain there is but one China and that Taiwan is a part of China. The United States Government does not challenge that position. It reaffirms its interest in a peaceful settlement of the Taiwan question by the Chinese them-selves.）這段話是美國「一中政策」的原始定義和標準表述，四十八年來，美國政府發言人在正式場合不斷重申。

在《上海公報》簽署前一晚，美國國務卿羅吉斯和助理國務卿葛林反對總統安全助理季辛吉創造的這一用語「all Chinese on either side of the Taiwan Strait」。葛林指出「在臺灣海峽兩邊的所有的中國人」並沒確切反映事實，因為臺灣的居民只有少數人自認是中國人。如果「所有的中國人」指的是社會上、文化上、種族上的華人，那麼幾乎島上每個人都可歸進這一類，可是這些多數人並不同意他們屬於中國。季辛吉因此緊急約見中國副外長喬冠華，要求把「所有中國人改為『中國人』」。喬冠華很不高興，痛罵季辛吉竟然暗示在臺灣有人可能不認同自己是中國人、或是不覺得臺灣是中國的一部分，季辛吉退讓了，同意《上海公報》不按照美國國務院的意見做修改。可是，比較《上海公報》與美中《建交公報》及《八一七公報》的英文版本，可以發現後兩個公報採用「the Chinese position」，而不是《上海公報》中的「all Chinese on either side of the Taiwan Strait」這一用語。《建交公報》及《八一七公報》按國務院的意見對《上海公報》做了修改，把「在臺灣海峽兩邊的所有中國人改為『中國人』」了，暗示美國認知到臺灣有人可能不認同自己是中國人。美國只是「認知中國人（包括在臺灣的那部分中國人）的立場」。

問題是，四十八年後，絕大多數的臺灣居民不再認為自己是「中國人」了！根據臺灣智庫民調中心，二〇二〇年九月二十四日發布的民調結果，針對國家認同議題，百分之六十二點六的受訪者認為自己是臺灣人，僅百分之二認為自己是中國人，百分之三十二點六認為兩者皆是，若只能在臺灣人與中國人中擇一，高達百分之八十六的受訪者認為自己是臺灣人。也就是說，美國的「一中政策」在一九七二年也許認知了蔣介石和一部分臺灣居民的立場，但是到了二〇二〇年，美國的「一中政策」只是認知了百分之二的臺灣居民的立場，而忽視了絕大多數臺灣居民的立場。這樣的「一中政策」完全脫離臺灣的民意和政治現實。

美國的「一中政策」的另一個核心內容是美國「重申它對由中國人自己和平解決臺灣問題的關心」。《臺灣關係法》進一步補充「美國決定和中華人民共和國建立外交關係之舉，是基於臺灣的前途將以和平方式決定這一期望；任何企圖以非和平方式來決定臺灣的前途之舉——包括使用經濟制裁及禁運手段在內，將被視為對西太平洋地區和平及安定的威脅，而為美國所嚴重關切」。由此可見，美國信守「一中政策」的前題是「中國人自己和平解決臺灣問題」。如果中國人「企圖以非和平方式來決定臺灣的前途」，那麼美國信守「一中政策」的前題就不存在了！

過去四十八年來，美國基於「三個公報」與《臺灣關係法》所執行的「一中政策」，照歐巴馬總統的公開說法，「就是不改變現狀」。可是，二〇二〇年的臺灣民意和一九七二年的臺灣民意相比，發生了天翻地覆的變化，而習近平又不斷破壞「臺海現狀」，武力威脅臺灣。習近平咄咄逼人，否認臺海中線，這還叫「不改變現狀」嗎！

川普政府已經承認過去四十多年來美國對華政策的失敗，《上海公報》發表四十八週年後，崛起的中國希望重新建構亞太國際體系，而美國不能容忍中國與之爭霸，這才是美國「一中政策」無以為繼的根本原因。川普總統如果能連任的話，他應該會修改美國的「一中政策」，以反映國際政治的現實。如果川普修改「一中政策」，外交部長吳釗燮就不該再說「目前不尋求建立全面外交關係」了。

59／我為什麼支持川普連任？

王丹前幾天寫文章〈我為什麼支持川普連任？〉他說「我不是支持川普這個人，我是支持川普政府的對華政策，而我認為拜登團隊的對華政策，非常令我擔憂。」與王丹不同，我既支持川普這個人，也支持川普政府的對華政策。我認為他不同於傳統政客，愛憎分明，有話直說，言行一致。

二〇一七年三月，時報出版社翻譯出版了《總統川普》。這是川普於二〇一六年競選時的演講彙整，闡述他的治國藍圖和外交政策。我當時寫書評「由於美國和臺灣主流媒體的偏見和誤導，在川普當選之前，臺灣民眾並不清楚他的內政和外交主張，甚至把他當作瘋子。直到川普當選後，與臺灣總統蔡英文通了電話，臺灣民眾才驚覺對川普其實了解不多。」近四年過去了，經過美中貿易戰和「新冷戰」，臺灣民眾是不是真的了解川普呢？

在《總統川普》一書中，川普明確說「有些人希望我不要把中國人說成我們的敵人，可是他們就是我們的敵人。」他在書中毫不留情地指出「壞中國」政府：「限制國民上網，鎮壓政治異議者，強行關閉報社，監禁反對者，限制個人自由，用網路攻擊別人，還利用它在世界各地的影響力操控經濟，同時還不斷增強它的軍事實力。」他當時說這些話時，並沒有引起媒體的重視，今天看來，他簡直像「先知」。

川普在書中明確指出「不能再讓他們用貿易保護政策和網路盜竊來搶我們的工作，占我們的便宜」。如何改變美中關係，川普說「第一步就是對中國人擺出強硬姿態」，第二步是「保持彈性，然後永遠不要秀出手裡的牌」，與中國周旋「出其不意才能打勝仗」。他的結論是，美國要轉變情勢，再次成為贏家，「第一就是組建全世界最先進、最有力、最有機動性的軍隊」。第二，「必須以經濟實力作為所有行動的出發點。」

毛澤東有句名言：「誰是我們的敵人？誰是我們的朋友？這個問題是革命的首要問題。」過去七十多年來，美國對華政策的不斷失敗、不斷檢討，就是因為搞不清「誰是美國的敵人？誰是美國的朋友？」特別是川普之前的八位美國總統都認為，促進國際貿易和全球化、讓中國融入美國主導的國際資本主義體系，可能改變中國的政治經濟制度，甚至中共的意識形態；退一步說，經濟上的相互依賴，是防止美中衝突的最佳方法。結果，這種對華政策，滋養了美國和自由世界的最大敵人。今天，美國不得不靠一個政治建制的外人來喚醒民眾，打破兩黨四十多年的共識，扭轉美國與中共「百年馬拉松」競爭中的頹勢。

對比川普四年前的講話，和這四年來的所做所為，可以清楚地發現，與拜登這種傳統政治人物不同，川普想什麼說什麼，也做什麼。川普戰略方向明確，言行一致，言必信，行必果。而拜登只會重複過去七十多年來對華政策的失敗，因為他不能團結真正的朋友，以攻擊真正的敵人。

我在一九八八年剛到英國留學的時候，發現幾乎所有的大學老師和主流媒體都對首相柴契爾夫人恨之入骨，後來發現他們對雷根總統也一樣恨。知識界精英們批評這兩人保守頑固的個性、拒絕妥協的政治立場和霸道的領導風格，與今天主流媒體批評川普的言論如出一轍。可是柴契爾夫人連續贏得四次大選，雷根總統也順利連任。現在，他們是公認的冷戰勝利英雄。如果當年英美的選民聽信主流媒體的意見，今天的世界可能會由蘇聯共產黨主宰。

一九八〇年，雷根與卡特競選時，他問選民：「你覺得你現在的生活比四年前要好嗎？」當時，大多數選民回答「不」，所以卡特尋求連任失敗。美國蓋洛普（Gallup）於二〇二〇十月七日公布的最新民調顯示，百分之五十六的美國人表示現在比二〇一六年過得好，創下總統大選年幸福度最高的歷史紀錄。這次在疫情大流行期間（九月十四日至二十八日）做的民調卻有超過一半（百分之五十六）的人說自己比四年前過得好，表示比四年前惡化的只有百分之三十二。選民高比例贊成目前的生活現狀，對川普尋求連任十分有利。這次大選，希望美國選民也能再次對主流媒體說：「No!」

第六章

關於香港

60 蔣經國為什麼反對「一國兩制」？

二〇一七年六月三十日，在香港主權移交二十週年前夕，中國外交部發言人陸慷在記者會上說：「現在香港已經回歸祖國懷抱二十年，《中英聯合聲明》作為一個歷史文件，不再具有任何現實意義，對中國中央政府對香港特區的管理也不具備任何約束力。英方對回歸後的香港無主權、無治權，無監督權。」也就是說，中國外交部認為，《中英聯合聲明》已經失效。英國政府立即對中方的說法提出異議，英國外交部一位發言人說：「現在《中英聯合聲明》與三十多年前簽署時同樣有效。這是一部在聯合國註冊的具有法律效力的條約，而且持續有效。作為聯合簽署國，英國將密切監督其實施情況。」《中英聯合聲明》於一九八四年十二月十九日由中國國務院總理趙紫陽與英國首相柴契爾簽訂，兩國政府在一九八五年五月二十七日互相交換批准書，並向聯合國祕書處登記，《中英聯合聲明》正式生效。

一九八四年十月三日，鄧小平曾說：「聯合聲明確定的內容肯定是不會變的。我們中央政府、中共中央即使在過去的動亂年代，在國際上說話也是算數的。講信義是我們民族的傳統，不是我們這一代才有的。這也體現出我們古老大國的風度，泱泱大國嘛。我們在協議中說五十年不變，就是五十年不變。我們這一代不會變，下一代也不會變。所以不要擔心變，變不了。」鄧小平說的這段話，白紙黑字收入了《鄧小平文選》第三卷。《中英聯合聲明》是由中國最高立法機關全國人大於一九八五年四月十日批准的國際條約，一個小小的外交部發言人的一句話，就能把它給廢了嗎？（中美的三個《聯合公報》從未經兩國的立法機關批准，作為歷史文件，是不是也不具備任何約束力呢？）

一九八二年一月十日，鄧小平第一次明確提出了「一個國家，兩種制度」的說法：「在實現國家統一的前提下，國家的主體實行社會主義制度，臺灣實行資本主義制度。」一九八三年六月二十六日，鄧小平說臺灣不能「完全自治」，「『完全自治』就是『兩個中國』，而不是一個中國。制度可以不同，但在國際上代表中國的，只能是中華人民共和國。」鄧小平許諾：「祖國統一後，臺灣特別行政區可以有自己的獨立性，可以實行與大陸不同的制度。司法獨立，終審權不須到北京。臺灣還可以有自己的軍隊，只是不能構成對大陸的威脅。大陸不派人駐臺，不僅軍隊不去，行政人員也不去。臺灣的黨、政、軍等系統，都由臺灣自己來管。」

鄧小平「和平統一，一國兩制」方針雖然先對臺灣提出，但卻在香港付諸實施。一九八四年六月二十二日，鄧小平在會見香港人士時對「一國兩制」做了說明：「中國的主體必須是社會主義，但允許國內某些區域實行資本主義制度，比如香港、臺灣。」他說：「實現國家統一是民族的願望，一百年不統一，一千年也要統一的。怎麼解決這個問題，我看只有實行『一個國家，兩種制度』。」一九八七年四月十六日，在與《香港基本法》起草委員的談話中，鄧小平承認，中國堅持社會主義制度和四項基本原則，這是寫在憲法上的。但是「一國兩制」允許香港、澳門、臺灣實行資本主義制度，他決定這樣做，「沒有一點膽略是不行的」。鄧小平自認為他充分照顧了臺灣和港澳的現實情況，他的心態，完全是一種自上而下的恩賜，他可以讓香港、澳門、臺灣實行不同制度，也可以用主權之名，隨時限制、取消或重新解釋所謂的「高度自治」。

對於鄧小平的「一國兩制」的主張，蔣經國當年始終非常懷疑，堅決反對。早在一九八二年十月，蔣經國就對美國《新聞週刊》記者批判「一國兩制」：中共不守信用，任何期望中共允許臺灣與大陸統一後能保留單獨的社會經濟制度，是不切實際的。蔣經國說，中共不允許大陸人民有自由，卻允許臺灣人民有自由，這種想法太天真；大陸人民不能隨時向中共建議改革，卻允許臺灣人民將來隨時提出改革建議，簡直是幻想。

一九八四年五月二十日，蔣經國告訴雷根總統特使劉易士：「中共曾提出『一個國家，兩種制度』的說法。兩種制度同時存在於一個國家中，是不可能的。中共不過是用此來引誘我們，我們不會上當的。」他還說：「我們中華民國政府的政策是不會變的。……我們對中共的政策是不屈服、不妥協，因為屈服與妥協，將造成我們的毀滅。」

一九八四年十月七日，參謀總長郝柏村在日記中寫道：「中共與英國公布香港協議為大陰謀、大騙局、大統戰。中共收回香港主權，又保持香港現在社會型態，其作用有二：一為對我統戰，企圖以香港模式解決所謂臺灣問題；二是使香港人放心，事實上等於西藏協議。」郝柏村向蔣經國報告：「中共是否信守對香港的承諾，關鍵繫於中華民國是否繼續壯大。」蔣經國同意。十月十六日，蔣經國向國軍高層指出：「我愈堅強，中共對我陰謀愈狠毒，中共所謂和平即為戰爭，吾人加強戰備，應就可能封鎖諸方式妥籌對策，中共一切措施均為謀我，我應堅定、堅強、堅決，我之成敗，武器固要加強，但關鍵仍在民心士氣，應創造對自由世界有利的變化。」

中華民國外交部於《中英聯合聲明》簽訂當日立即發表聲明，除重申香港為中華民國固有領土外，亦譴責英國罔顧港人維護自由及經濟繁榮的意願，呼籲國際社會給予港人正義的支援，同時闡明中華民國政府對香港問題的重視及對港人自由、福祉及安全的關切，並將採取各項措施支持香港同胞爭取民主及維護自由、安定與繁榮的生活。行政院院長俞國華也於同一天宣布政府支援香港僑胞的十一點政策指導綱領。根據這一綱領，除對香港僑胞回臺有關事項提供諮詢、服務與協助外，對願意回臺經商、定居的香港僑胞亦承諾給予各種便利。

一九八五年一月二十九日，宋美齡自美國密電蔣經國，針對《中英聯合聲明》，建議蔣經國以中華民國政府名義，發布一單邊性鄭重聲明，在臺合法政府責無旁貸，為香港人民利益著眼，一九九七後，允許英國「托管三十年」，並強調在此三十年托管期間，英國「須增強香港立法局，行政局內民選代表主持掌握管轄港政府各階層施政機構」。

宋美齡指出「若我允三十年托管以反統戰匪案，亦不可謂喪失權利也」。蔣經國回覆「大人指示各點出自睿智」，已交行政院「切實研究肆應」。不過，蔣經國可能認為，在中英已簽署《聯合聲明》後，中華民國才主張允許英國托管香港三十年為時已晚，所以宋美齡的建議不了了之。

整個一九八〇年代，蔣經國以「不接觸、不談判、不妥協」的「三不政策」來對抗鄧小平的「一國兩制」，確實顯得被動。在一九八二至一九八四年中英談判香港問題時，他至少應該做兩件事以贏得香港民心：一是如宋美齡建議的，公開宣布中華民國一九九七年後允許英國托管香港五十年；二是宣布臺灣從一九八四至一九九七年，接受二十萬香港人投資移民。當時臺灣二千萬人口，經濟正高速發展，蔣經國如果能公開宣布這兩項政策，吸引港人來臺投資移民，主動反擊鄧小平的「一國兩制」，對臺灣有百益而無一害。可惜，蔣經國做外交謹小慎微，防守保臺有餘，主動出擊不足。

其實，鄧小平的「一國兩制」不是給臺灣人民的優惠，而是對蔣經國和國民黨的統戰，鄧小平曾多次呼籲國共兩黨會談，實行第三次合作，他說：「如果國共兩黨能共同完成這件事，蔣氏父子他們的歷史都會寫得好一些。」講得好像兩蔣很在意將來共產黨怎麼替他們寫傳記。鄧小平的言外之意是，只要國民黨願意歸順中共，放棄中華民國的招牌，中共可以保障國民黨在臺利益不受侵犯。反過來，如果國民黨拒絕「一國兩制」，那麼臺灣本土力量就會起來，到頭來國民黨既保不住中華民國的牌位，又保不住自己的特權。在中英香港談判時，鄧小平還託柴契爾夫人傳話雷根，要雷根去說服蔣經國接受「一國兩制」。一九八七年三月九日，「美國在臺協會」主席羅大為告訴蔣經國：「過去幾年間，中共曾經設法影響美國，希望美國能夠促使總統先生與鄧小平去談判，甚至於要求英國首相柴契爾夫人來作說客，勸服雷根對中華民國施壓力，這都被雷根所拒絕了，因為他認為這件事應該讓中國人自行來解決。」

如果蔣經國當時貪圖一黨之私，他完全可以在「民族大義」的幌子下接受「一國兩制」，實現國共第三次合作。然而，蔣經國沒有接受鄧小平的統戰，堅決拒絕「一國兩制」。從蔣經國的角度看，「一國兩制」有三個本質缺陷：

（一）邏輯上矛盾性，如果「一國」很好，為何要「兩制」？「一國」和「兩制」在本質上存有衝突及不調和，「一國」總是優先於「兩制」。

（二）時間上過渡性，不是永恆的。終將趨向於「一國一制」，即中共一黨專政下的社會主義制度。

（三）實行上壓制性，「兩制」並不對等。主體是中華人民共和國。目的是把臺灣、香港、澳門統一在中華人民共和國之下。在「一個中國」的大原則下，臺灣才能享有「高度自治」。

一九八五年十二月九日，蔣經國與「美國在臺協會」理事長丁大衛談話，提到新加坡總理李光耀「他在北平與鄧小平談到鄧小平與我以前在莫斯科當同學的事，鄧小平問李光耀要到臺北去否？如到臺北代他向我問好。我對此事沒有任何反應。我們不與中共接觸的政策是不變的。我們根據中國歷史與中共來往的經驗，絕不會與它談。先總統蔣公曾經告訴我說：『與中共談判就是自殺』，所以無論中共如何威迫利誘，我們都不會變的。」

相反地，蔣經國大力推動「中華民國臺灣化」，使中華民國走上民主化和本土化的不歸路。開放民主意味著國民黨有可能「被選下臺」，蔣經國雖然既反對「一國兩制」，又反對臺獨；但是他不會不清楚，中華民國一旦真正民主化和本土化，堵死了「一國兩制」，實質臺獨則會成為必然趨勢。但對蔣經國而言，他寧冒臺獨之險，也不要統一於中共。蔣經國推動「中華民國臺灣化」，使「一國兩制」失去了著力點：後世的國民黨領導人可能為了保持自己的特權而願意當中華人民共和國臺灣省特首，但是，獲得自由民主的臺灣人民絕不願意接受一個專制的太上皇。

一九八六年十月，蔣經國在國民黨中常會上強調，國民黨今天所面臨的局面是「時代在變，環境在變，潮流也在變」，國民黨必須「以變應變」。但是，萬變不能離其宗，「經國路線」的核心是「反共、親美、保臺」。李登輝曾指出，一九八六年中國國民黨第十二屆中央委員會第三次全體會議，蔣經國就已正式終結反攻大陸的大中國路線，確立臺灣為主體的革新保臺路線。反觀三十年後的今日，吳敦義領導的國民黨，如果要繼續「經國路線」，就應該堅持中華民國主權獨立，明確反對「一國兩制」。

61 「八國聯軍」有權干涉香港嗎？

日前，中國外交部發言人華春瑩說：「今天的香港是中華人民共和國的一個特別行政區，早已不是英國的殖民地。英國對香港一無主權，二無治權，三無監督權。香港事務不容任何外國干涉。」昨天，中國官媒《環球時報》總編輯胡錫進指責香港示威者使用暴力，可以「當場被擊斃」。中國官方不斷威脅軍事鎮壓香港反送中運動。

可是，華春瑩和胡錫進忘了，香港是個國際城市，常住香港的七百五十萬居民中，近五百萬人擁有他國國籍及護照。中共膽敢派解放軍、武警武力鎮壓，一定會引起全世界的干涉，引來「八國聯軍」的軍艦、軍機護僑、撤僑。據統計，常住香港的居民有七百五十萬人，其中華人占百分之九十二，少數族裔人士近六十萬人，占香港人口約百分之八，最多是菲律賓人（百分之三十一點五）、其次是印尼人（百分之二十六點二），南亞裔人士（百分之十四點五）、混血兒（百分之十一點二）和白人（百分之十）。

但是，在香港六百九十萬具華人血統的居民中，有四百多萬人在持有香港特區護照的同時，亦擁有他國國籍及護照。香港有約三百五十萬人擁有英國國籍，當中約有三百三十萬為英國國民（海外）護照持有人，屬於大英國協公民，並非英國本土公民。另外，近二十萬人因為「居英權計畫」而取得英國公民身分。

一九九七年前，受六四事件影響，大量香港人擔心政治前途而移居它國，透過歸化而得到其他國家的國籍，最常見的有美國、加拿大、新加坡、紐西蘭和澳洲等英語系國家，但之後有不少人回流香港。據說，目前在香港，有三十萬人持有加拿大護照。另外，中華民國政府曾讓符合資格的香港人申請華僑證明書成為中華民國僑民，故有幾十萬港人同時持有中華民國護照及香港特區護照。

香港近日的情況引起西方國家關注。英國首相強生表示，英國政府對香港近來的暴力事件感到擔憂，希望各方冷靜，展開建設性對話。加拿大總理杜魯道說，非常關注香港的情況，呼籲和平、有秩序及展開對話。對於港澳辦形容香港出現恐怖主義苗頭。澳洲總理莫里森不認同，期望行政長官林鄭月娥細心聆聽市民訴求，尋求方法為事情降溫，以和平方式解決現時的嚴峻局面。美國國家安全顧問波頓反駁中方指美國外交官是香港示威活動的「幕後黑手」的說法，批評指控荒謬。聯合國人權事務高級專員巴切萊特對香港近日的暴力事件升級表示關注，並就警方在大規模示威期間對示威者使用武力，呼籲港府迅速展開獨立、公正的調查。

如果中共膽敢派解放軍、武警進香港對遊行人群開槍，可能打死、打傷的十個人裡有六個擁有外國護照，到時「八國聯軍」派軍艦、軍機去護僑、撤僑，中華民國的國軍也應該參與這一行動！

62 撐香港，臺灣還可以做什麼？

二〇二〇年五月二十二日，民進黨副祕書長林飛帆批判中國的港版《國安法》時表示，港版《國安法》是比《送中條例》更直接的香港「送終法律」。林飛帆說，臺灣作為東亞先驅的民主國家，有自信成為民主大國，在中國持續破壞區域穩定、對周邊國家與區域進行反民主壓迫之際，我們更有責任扮演積極性的捍衛民主人權——不僅是國內的民主人權，也包括區域的民主人權的角色。

作為執政黨的成員和公民社會的一分子，林飛帆提出一個呼籲及三個建議：

（一）呼籲朝野各政黨共同譴責中國作為；

（二）建議臺灣即刻展開與美國等理念相近國家就援助港人進行跨國合作討論，組成撐香港國家隊；

（三）建議政府研擬提升臺灣對港人道協助的「制度性層級」；

（四）建議朝野共同研擬如美國《香港人權民主法案》的對港府及中國的限制性措施可行性。

林飛帆的這些建議非常好，希望蔡政府能夠採納並具體落實。另外，我要提幾點補充建議。

首先，提升臺灣對港人道協助的「制度性層級」，首先應該針對《港澳條例》第十八條，由陸委會和內政部共同推出施行細則。《港澳條例》第十八條規定，臺灣「對於因政治因素而致安全及自由受有緊急危害之香港或澳門居民，得提供必要之援助」。這裡「香港居民」的定義是「具有香港永久居留資格，且未持有英國國民（海外）護照或香港護照以外之旅行證照者」（在香港永久居民中，有四百多萬人持有香港特區護照的同時，亦擁有他國國籍及護照。其中約三百三十萬持有英國國民（海外）護照）。而陸委會的《香港澳門關係條例施行細則》第二十五條規定「主管機關於有本條例第十八條之情形時，除其他法令另有規定外，應報請行政院專案處理」。「專案處理」過程繁瑣複雜，無法應對今後港人因反抗港版《國安法》，隨之而來的人道和政治危機。

有些臺灣人對於向港人提供人道協助、接受政治難民有顧慮，主要是擔心匪諜趁機混入臺灣。其實，《港澳條例》對「香港居民」的定義已經把持有中華人民共和國護照的香港永久居民排除在外了，而臺灣政府對難民資格審查時，當然也應該注意防止匪諜混入，但是，不能「因噎廢食」而不接受政治難民。只要臺灣政府下決心落實《反滲透法》等一系列國安法規，就可以打擊匪諜，不管他們是境外混入的，還是境內叛變的。

其次，臺灣政府應該推出政策，包括稅收優惠，鼓勵在港的臺資企業撤退回臺，特別是減少臺資金融機構對港幣的曝險，大力壓縮臺資金融機構對香港金融市場的參與。

再者，臺灣政府要努力吸引在港外資企業和機構遷移來臺，打造亞太營運中心。目前，香港有八萬五千名美國公民和一千三百多家美資企業，臺灣應與美國政府合作，吸引和幫助這些美資企業來臺。

最後，臺灣政府應該大力吸引港人來臺投資移民。如果港版《國安法》實施，香港會出現撤資和移民潮，當中以投資移民門檻僅六百萬元新臺幣的臺灣最受歡迎。不過，臺灣政府於二〇二〇年三月五日起提高投資移民的要求，一定要開實體店鋪、連續經營三年及聘請兩名本地全職員工，以及請會計師核數，否則可能會沒收已經批出的護照，對即使有經商經驗者亦相當有難度，六百萬元可能未必足夠。現在網路社會，投資移民來臺灣，無論是網路經商，或文創、或數位科技研發，為什麼一定需要實體店鋪和聘請全職員工？臺灣政府這種愚蠢的投資移民要求，應該立即取消！

當港版《國安法》的消息傳出後，香港 Google 搜尋「移民」、「臺灣」的次數開始爆增，明顯反映港人的焦慮氣氛。二〇一九年反送中運動開始後，已經有不少港人申請移民臺灣。據內政部移民局統計，二〇二〇年頭四個月共向二千三百八十三名香港居民批出居留證，批出的定居證則有四百七十四名，二〇一九年全年則有五千八百五十八名港人取得居留證。臺灣歡迎香港政治難民和投資移民，有利於臺灣經濟和社會的長遠發展，也是臺灣作為東亞先驅的民主國家，一種有自信的表現。

63 為什麼臺灣要撐香港的自由？

一九三六年三月，納粹德國在阿道夫・希特勒（Adolf Hitler）的領導下，違反《凡爾賽條約》，占領了萊茵的非軍事區。國際聯盟譴責了這一行為，但沒有採取任何行動制止。此後，希特勒不斷試圖將德國以外的德裔民眾的居住區併入「大德國」。德國特務在奧地利人中培養親統一的傾向，破壞奧地利的獨立，而英法都不願意出面制止德國。一九三八年三月十二日，德軍不受反對地越過邊界進入奧地利。希特勒隨後將注意力轉向捷克的蘇臺德地區，那裡的居民也是以德裔為主。一九三八年九月二十九日，德國、英國、法國和義大利簽署了《慕尼黑協定》，將蘇臺德地區移交給德國。一九三九年三月十五日，希特勒違反了《慕尼黑協定》，入侵捷克首都布拉格。儘管英國「保證」波蘭獨立，一九三九年九月一日，希特勒又入侵波蘭。

歷史就在我們眼前重演。如今，世界面對習近平，與一九三〇年代面對希特勒一樣，軟弱無力。中國人大通過的港版《國家安全法》決議，明顯違反了《中英聯合聲明》和《基本法》，繞過香港立法會，終止了所謂的「一國兩制，港人治港」。習近平抓住武漢肺炎大流行的時機，採取行動，懲罰香港人的反送中運動。習近平以為，通過豪賭香港國際金融中心地位，他可以削減香港的自由，但仍然保持香港的繁榮而增強他個人的權力。

二〇二〇年五月二十四日，中國外交部長王毅宣布：「後新冠疫情世界，中國同樣也不會停下前進的腳步。經此一役，中國的社會制度和治理能力經過了全面檢驗，國家綜合實力得到了充分彰顯，大國擔當作為發揮了應有作用。疫情過後，中國經濟必將更加堅韌有力，中華兒女必將更加團結一心，中國人民必將更加堅定地走中國特色社會主義道路，中華民族實現偉大復興的歷史進程必將更加勢不可擋。」如果中國沒有因為侵犯香港的公民自由和違反條約義務而遭受嚴重後果，那麼，中國對臺灣發動軍事進攻以及占領整個南中國海，只是時間問題。這是習近平實現他的「中華民族偉大復興」的路線圖。

中國一向聲稱香港事務是中國的內政，不允許任何外部勢力干涉，就像它聲稱臺灣問題是中國的內政一樣。但是中國通過《中英聯合聲明》對香港的自治做出過承諾。現在必須使中國因為毀約而遭受嚴重的後果。否則，習近平將在成功的鼓舞下，企圖吞併臺灣。為習近平的行動而懲罰香港的經濟對香港的破壞將是巨大的。但是，正如黃書豪呼籲的：「幾十年來，香港促進了全球資本和其他禁運商品（例如高科技產品）湧入中國。在我們的自由惡化的同時，北京領導人繼續從這種安排中受益。他們不該兩全其美。」國際制裁的選擇包括對鎮壓香港的中國官員在內進行實體的、有針對性的制裁，或撤銷給香港的針對中國大陸出口限制的例外。激烈的選擇集中在破壞香港特殊的經濟和關稅地位上，要將目前適用於中國內地的所有關稅和法規，同樣適用於香港。日前，蔡總統提出「依據《香港澳門關係條例》第六十條，香港情勢一旦發生變化，可停止適用該條例一部分或全部」，正是為臺灣加入國際制裁行動做準備。國際社會必須制裁獨裁的中共，迫使其恪守對香港自治的承諾。臺灣也必須採取行動，而不是出於對經濟影響的恐懼而視而不見。

蔡總統說得好，「自由的臺灣撐香港的自由」。面對習近平，就像當年面對希特勒，臺灣與香港「唇齒相依」，如同捷克與奧地利「唇亡齒寒」。習近平撕毀《中英聯合聲明》，就像希特勒撕毀《凡爾賽條約》，他吞併完奧地利，下一個目標就是捷克了。今天臺灣人如果不敢挺香港，說事不關己的話，等習近平徹底制服香港後，他今天對香港所做的就是他未來會對臺灣所做的。

結論　全球秩序重整下，臺灣如何奮起？

過去二千多年的人類文明史一直由帝國爭霸史所主導，而二十一世紀全球關係的核心就是中華帝國與美利堅帝國的爭霸。這場Ｇ２爭霸既是地緣政治的鬥爭，也是價值觀的衝突，甚至是東方文明與西方文明的終極競爭。

本世紀初，西方學術界曾經出現過的「中美共同治世論」還未流行，就已破產，因為中華帝國不是一個良善的帝國，其執政黨不是一個進步的民主政黨，而是一個列寧主義的專制組織，它追求獨霸世界。特別是習近平上任以來，對內推行「國進民退」和個人獨裁；對外霸凌弱小國家，通過「一帶一路」爭奪資源，甚至「以疫謀霸」，向全世界推銷所謂的「中國發展模式」！

美利堅雖是個良善的帝國，卻在衰退之中。衰退的原因包括美國內部價值觀和意識形態的分歧，全球化加劇的社會利益衝突，以及中共對美國精英階層的成功滲透。所以從國際關係的角度來看，目前中華帝國處於攻勢，美利堅帝國處於守勢。但是，美國這個國家，歷史上有過許多次跌倒重起、自我調整的先例，而中共的專制有其違反人性的致命缺陷。所以對美中「新冷戰」的短期勝負，臺灣人民不必過於擔心，但應該對這場「新冷戰」的持久性有充分的心理準備。

在此全球秩序重整的歷史時期，臺灣要如何奮起呢？首先，臺灣人民要重新認識臺灣在美中「新冷戰」格局中所處的獨特地位。美中爭霸的核心是科技爭霸，而臺灣是全球科技供應鏈的關鍵一環。臺灣也是自由世界對抗中華帝國擴張的標竿和橋頭堡，處在價值觀和文明終極競爭的「第一島嶼鏈」。

其次，臺灣人民要重新認識自己的國家，認識臺灣是個高舉普世價值、融合東西方文明的「獨特國家」。從防疫經驗來看，臺灣找到個人自由與集體安全的平衡點，找到人權與法治的平衡點，找到愛國心與普世關懷的平衡點。從臺灣發展模式與中國發展模式的對比來看，臺灣的「小政府，大社會」的發展，藏富於民；中國的「大政府，小社會」

的發展，「國進民退」，以鄰為壑，債留後代。

從威權專制向自由民主體制的轉型來看，臺灣是和平演變的成功典範。從自由人權的實踐來看，對照中共對宗教自由的摧殘，也對照西方世界的宗教衝突，臺灣是個宗教自由、各宗教和平共處的樂土。從民主法治的實踐來看，臺灣社會對不同政治意見的容忍度高，也對選舉制度及其運作的信任度高。臺灣不僅可以教世界如何抗疫，還可以教世界如何辦選舉！

過去七十年來，臺美實質上的軍事同盟是臺灣安全的基石。臺灣人如果希望共軍攻打臺灣時，美軍會來救援，就不能在美中發生衝突時說「不關我的事」，「趨利避害」。既然中共是美國最大的威脅，也是臺灣最大的威脅，臺美有共同的敵人和共同的價值觀，那麼在美中「新冷戰」中，臺灣就不能當騎牆派，一定要選邊站，堅定地站在美國盟友這一邊。

歷史地看，美利堅帝國和中華帝國的兩極對立會主導二十一世紀的全球國際關係，美中「新冷戰」是貿易、科技、金融、資訊到政治、軍事、文化的全方位對抗，而美中「新冷戰」勝敗的關鍵是科技戰。美國與其價值同盟的雙邊、多邊自貿協定會推動「去中國化」的全球產業鏈重組。在此過程中，因為美國無法有效改造聯合國這類多邊國際組織，就只能通過雙邊、多邊合作來推動圍堵中共的價值同盟，而美臺同盟是美國領導的價值同盟的核心組成部分。

武漢肺炎疫情過後，臺灣應該加強與美國、日本和「五眼聯盟」的多邊合作，趁美國主導全球產業鏈「去中國化」之際，積極推動與這些國家的FTA，積極參與CPTPP。將「新南向政策」與美國、日本、澳洲、印度的「印太戰略」結合起來，才是國際情勢的順勢而為！今天，臺灣這個「獨特國家」，已經被《紐約時報》稱讚為「全世界最重要的地方」，而臺灣要奮起，就必須先認識自己，學會獨立思考。對自己有認識、有信心的人民，才能在全球秩序重整下，發奮圖強！

——放言 Fount Media【放・高論】，2020 年 09 月 26 日

59. 我為什麼支持川普連任？

——放言 Fount Media【放・高論】，2020 年 10 月 11 日

第六章　關於香港

60. 蔣經國為什麼反對「一國兩制」？

——風傳媒【汪浩觀點】，2017 年 07 月 16 日

61. 「八國聯軍」有權干涉香港嗎？

——風傳媒【汪浩觀點】，2019 年 08 月 15 日

62. 撐香港，臺灣還可以做什麼？

——放言 Fount Media【放・高論】，2020 年 05 月 23 日

63. 為什麼臺灣要撐香港的自由？

——放言 Fount Media【放・高論】，2020 年 05 月 30 日

原篇名：〈台灣撐香港的自由，也是保台灣的自由！〉

原篇名：〈習近平「又要馬兒跑，又要馬兒不吃草」！〉

45. 習近平躲了初一，躲得了十五嗎？
——放言 Fount Media【放・國際】，2018 年 08 月 13 日

46. 習近平能「以牙還牙」，大打貿易持久戰嗎？
——放言 Fount Media【放・直評】，2018 年 08 月 16 日

47. 中國「養老金」的窟窿有多大？
「養放言 Fount Media【放・直評】，2018 年 08 月 27 日

48. 中國為什麼也搞「軍公教年改」？
——放言 Fount Media【放・直評】，2018 年 09 月 03 日

49. 中國居民一百一十三元養老金怎麼活？
——放言 Fount Media【放・直評】，2018 年 09 月 12 日

50. 貿易戰會引爆中國經濟危機嗎？
——放言 Fount Media【放・直評】，2018 年 10 月 26 日

51. 中國房地產的冬天來臨了嗎？
——風傳媒【汪浩觀點】，2018 年 11 月 13 日

第五章　關於川普和美中關係

52. 什麼是中美「新型夥伴關係」？
——風傳媒【汪浩觀點】，2017 年 01 月 22 日

53. 臺灣人為什麼應該讀川普的新書？
——風傳媒【汪浩觀點】，2017 年 04 月 02 日

54. 美中「貿易戰」是真打，還是假打？
——放言 Fount Media【放・直評】，2018 年 06 月 04 日

55. 中期選舉，川普贏了嗎？
——放言 Fount Media【放・直評】，2018 年 11 月 08 日

56. 習近平真的會向川普讓步嗎？
——風傳媒【汪浩觀點】，2018 年 11 月 18 日

57. 中美注定一戰嗎？
——風傳媒【汪浩觀點】，2018 年 12 月 02 日

58. 川普如果連任，會修改美國的「一中政策」嗎？

——風傳媒【汪浩觀點】，2019 年 07 月 31 日

34. 蔡英文「拚經濟」，韓國瑜「拚嘴砲」？

——風傳媒【汪浩觀點】，2019 年 08 月 02 日

35. 統獨是假議題嗎？

——《新活水》，2020 年 01 月 06 日

原篇名：〈統獨是假議題，還是遲早要面對的問題？〉

36. 韓國瑜的「主權基金」政見可行嗎？

——上報 Up Media，2019 年 12 月 27 日

原篇名：〈請韓國瑜提出「主權基金」政見的管理和投資方案〉

第四章　關於中國經濟

37. 習近平「債多不愁」嗎？

——放言 Fount Media【放・國際】，2018 年 05 月 22 日

38. 中國房地產泡沫何時破？

——放言 Fount Media【放・國際】，2018 年 06 月 21 日

39. 中國股市還會更低嗎？

——放言 Fount Media【放・國際】，2018 年 07 月 04 日

原篇名：〈中國股市，沒有最低，只有更低！〉

40. 中國外債泡沫危在旦夕嗎？

——放言 Fount Media【放・國際】，2018 年 07 月 12 日

原篇名：〈中國外債泡沫危在旦夕！〉

41. 中國外匯儲備夠嗎？

——放言 Fount Media【放・國際】，2018 年 07 月 23 日

42. 為什麼中國的銀行不值錢？

——放言 Fount Media【放・國際】，2018 年 07 月 26 日

43. 中國房地產業在吃「最後的晚餐」嗎？

——放言 Fount Media【放・國際】，2018 年 07 月 30 日

原篇名：〈中國房地產的「最後晚餐」？〉

44. 習近平能夠「又要馬兒跑，又要馬兒不吃草」嗎？

——放言 Fount Media【放・國際】，2018 年 08 月 06 日

原篇名：〈台灣如何應對中國限制旅客來台？〉

22. 為什麼要調整臺灣整體經貿戰略？
    ——放言 Fount Media【放・高論】，2020 年 08 月 29 日
    原篇名：〈「調整台灣整體經貿戰略適逢其時！〉

第三章　關於二〇二〇臺灣大選爭議

23. 臺灣有必要改採內閣制嗎？
    ——放言 Fount Media【放・直評】，2019 年 01 月 14 日
24. 郭總統候選人可以回答郭董問蕭美琴的問題嗎？
    ——放言 Fount Media【放・直評】，2019 年 04 月 18 日
25. 臺灣經濟和產業發展真的岌岌可危嗎？
    ——風傳媒【汪浩觀點】，2019 年 04 月 22 日
26. 郭董手上的金鑰匙，真是臺灣人民要的嗎？
    ——風傳媒【汪浩觀點】，2019 年 04 月 29 日
27. 為什麼郭董「國防靠和平」主張有致命缺陷？
    ——風傳媒【汪浩觀點】，2019 年 05 月 01 日
    原篇名：〈郭台銘「國防靠和平」思想的三大致命缺陷！〉
28. 臺灣廟小，能供得下郭董這個大菩薩嗎？
    ——作者臉書／上報 Up Media，2019 年 05 月 01 日
    原篇名：〈台灣廟太小，供不下郭董這個大菩薩〉
29. 郭董說臺灣經濟落後，對嗎？
    ——風傳媒【汪浩觀點】，2019 年 05 月 09 日
30. 郭董公然說謊，會被黨委書記打臉嗎？
    ——作者臉書／蘋果新聞網，2019 年 05 月 19 日
31. 郭董當總統，鴻海漲到二百五？
    ——風傳媒【汪浩觀點】，2019 年 05 月 30 日
    原篇名：〈郭董當總統，鴻海 250 ！〉
32. 郭董如何恢復軍公教被砍的年金呢？
    ——風傳媒【汪浩觀點】，2019 年 06 月 27 日
33. 韓國瑜還記得「經國路線」嗎？

11. 民進黨如何建構「中華民國臺灣」認同理論呢？
——放言 Fount Media【放・直評】，2018 年 11 月 26 日
原篇名：〈民進黨應構建「中華民國台灣」的認同理論！〉
12. 如何達成民進黨與國民黨的「國家認同共識」？
——放言 Fount Media【放・直評】，2019 年 01 月 05 日
13. 蔡總統為什麼說「中華民國臺灣」有七十年歷史？
——放言 Fount Media【放・高論】，2020 年 05 月 21 日
原篇名：〈蔡總統說，「中華民國台灣」有七十年的歷史！〉
14. 從「國統綱領」到「兩國論」，李登輝如何重新定位兩岸關係？
——故事 StoryStudio，2020 年 08 月 28 日
原篇名：〈從「國統綱領」到「兩國論」——李登輝對兩岸關係定位的演進〉
15. 如何推動「臺美復交」和「臺中建交」呢？
——放言 Fount Media【放・高論】，2020 年 10 月 07 日
原篇名：〈「台美復交」和「台中建交」都要推動！〉
16. 臺灣為什麼重要？——評蔡總統的元旦講話
——放言 Fount Media【放・高論】，2021 年 01 月 02 日
17. 再論「臺灣為什麼重要？」
——放言 Fount Media【放・高論】，2021 年 01 月 10 日

第二章　關於臺灣經濟

18. 領導拚經濟，蔡英文可以做什麼？
——放言 Fount Media【放・直評】，2018 年 12 月 08 日
19. 如何解決臺灣經濟的三大困境呢？
——風傳媒【汪浩觀點】，2019 年 01 月 11 日
原篇名：〈台灣經濟的三大困境和四項對策〉
20. 臺灣如何應對來自中國的「黑天鵝」與「灰犀牛」？
——放言 Fount Media【放・直評】，2019 年 01 月 28 日
21. 中國限制旅客來臺，臺灣怎麼辦？
——風傳媒【汪浩觀點】，2019 年 08 月 09 日

文章出處

第一章　關於臺灣

1. 臺灣是主權獨立國家嗎？
   ——風傳媒【汪浩觀點】，2017 年 03 月 12 日
2. 中國為什麼還沒有解放臺灣？
   ——風傳媒【汪浩觀點】，2017 年 03 月 19 日
3. 習近平會與蔡英文談判「特殊的國與國關係」嗎？
   ——風傳媒【汪浩觀點】，2017 年 07 月 02 日
4. 美中「新冷戰」，臺灣怎麼辦？
   ——風傳媒【汪浩觀點】，2018 年 04 月 01 日
5. 兩岸如何借鏡兩韓對話呢？
   ——放言 Fount Media【放・國際】，2018 年 05 月 08 日
6. 臺灣如何成為國際關係的高段「棋手」呢？
   ——《民主視野》，2018 年夏季刊
7. 英國為何反對航空公司更改臺灣名稱？
   ——放言 Fount Media【放・國際】，2018 年 07 月 16 日
8. 「八二三砲戰」六十週年，給臺灣什麼啟示呢？
   ——放言 Fount Media【放・直評】，2018 年 08 月 22 日
9. 臺灣如何應對美中「新冷戰」呢？
   ——放言 Fount Media【放・國際】，2018 年 10 月 08 日
   原篇名：〈再論臺灣如何應對美中「新冷戰」！〉
10. 誰能出賣臺灣？
    ——放言 Fount Media【放・國際】，2018 年 10 月 22 日

臺灣為什麼重要？

汪浩政論集

臺灣為什麼重要？：
汪浩政論集
汪浩著／一版／新北市／八旗文化出版
遠足文化發行／2021.07
面； 公分
ISBN 978-986-5524-75-3（平裝）

一、言論集 二、時事評論

078
110005151

作者 汪浩
總編輯 富察
主編 洪源鴻
責任編輯 賴英錡
企劃 蔡慧華
封面設計 莊謹銘
排版 宸遠彩藝
社長 郭重興
發行人兼出版總監 曾大福
出版發行 八旗文化／遠足文化事業股份有限公司
地址 新北市新店區民權路108-2號9樓
電話 〇二～二二一八～一四一七
傳真 〇二～八六六七～一〇六五
客服專線 〇八〇〇～二二一～〇二九
信箱 gusa0601@gmail.com
臉書 facebook.com/gusapublishing
部落格 gusapublishing.blogspot.com
法律顧問 華洋法律事務所／蘇文生律師
印刷 成陽彩色印刷有限公司
出版日期 二〇二一年七月（初版一刷）
二〇二一年八月（初版二刷）
定價 四八〇元整
ISBN 9789865524753（平裝）
9789865524777（EPUB）
9789865524784（PDF）